看见成长

用生活诠释家庭教育的真谛

秦涛／著

山东人民出版社·济南

国家一级出版社 全国百佳图书出版单位

图书在版编目（CIP）数据

看见成长：用生活诠释家庭教育的真谛 / 秦涛著. -- 济

南：山东人民出版社，2023.8（2024.12 重印）

ISBN 978-7-209-14650-0

Ⅰ.①看⋯　Ⅱ.①秦⋯　Ⅲ.①家庭教育　Ⅳ.①G78

中国国家版本馆CIP数据核字（2023）第100201号

看见成长：用生活诠释家庭教育的真谛

秦涛　著

主管单位　山东出版传媒股份有限公司
出版发行　山东人民出版社
出 版 人　胡长青
社　　址　济南市市中区舜耕路517号
邮　　编　250003
电　　话　总编室（0531）82098914
　　　　　市场部（0531）82098027
网　　址　http://www.sd-book.com.cn
印　　装　山东华立印务有限公司
经　　销　新华书店

规　　格　16开（169mm×239mm）
印　　张　14
字　　数　92千字
版　　次　2023年8月第1版
印　　次　2024年12月第2次印刷
印　　数　3001-4020
ISBN 978-7-209-14650-0
定　　价　46.00元
　　　　　如有印装质量问题，请与出版社总编室联系调换。

序

　　中学阶段是孩子生命历程中一段火花四溅的时光，当青春期的奇思妙想和逐步觉醒的自我意识相互叠加，高中的生活便在笑声和泪水中变得起伏跌宕。家长的严格管教抑或无奈放任，都可能会让孩子变得苦闷迷茫。如何在坚守家庭教育底线的前提下，引导孩子进入积极正向的成长态势，是每一位中学生家长都孜孜以求的答案。

　　在社会文明不断进步的今天，功利的教育思想依然存在，在培养孩子的过程中，"一俊遮百丑"的教养方式仍然颇有市场，高考成绩固然重要，但并非孩子人生的全部，如何看待孩子的成长与成才问题，体现着父母的人生智慧。有些家长在浮躁、盲从、攀比中，逐渐忘记了养育孩子的初心，眼里只有孩子的学习成绩，忽略了孩子独有的特点，让孩子本该多彩有趣的童年变得单调乏味。

　　生活即教育，家庭教育的好坏与父母的学历高低没有必然联系。有些家长虽然学历不高，但因为自己品行敦厚、勤劳善良，依然能对孩子产生积极向上的影响；有些父母虽然学历很高，却由于固执己见，一味地用自己的经验代替孩子成长，让孩子的生命逐渐失去意义与价值。合格的家长应该着眼于孩子的终身发展，既要坚持原则底线，又要适度放手，科学合理引导孩子自主成长，才能让孩子的生命丰盈且有弹性。

　　本书缘于孩子中学阶段状况百出，我陪伴他共同成长、见招拆招，随手记录的心得、感悟，虽经自己多次的整理修改，却因理论水平有限，又不善文章，内容多有语近词冗之处，敬请各位海涵。时至癸卯年春，有幸得到润元学校张芳、济南七中杜延霞和市教研院王战、李宁、蔺立华、周恋琦等诸位好友的润色和修正，才让本书有了一些看点，在此一并致谢！

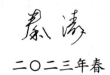

二〇二三年春

目 录

第一章

别让焦虑
毁了孩子的一生

无处安放的焦虑　／　分析焦虑的根源　／　消除焦虑的途径

多年来从事家庭教育指导，我深刻感受到家长群体中普遍存在的焦虑情绪，从孩子出生开始，家长们就恨不得使尽浑身解数，替孩子规划好"正确的道路"，担心孩子走弯路。在浮躁的社会背景和焦虑的情绪中，不少家长迷失了养育孩子的初心，忽视了孩子的成长规律。家长的过度焦虑既影响了孩子的身心健康，也不可避免地伤害了亲子关系。

无处安放的焦虑

一句"可怜天下父母心"，道尽了家长的焦虑和心酸。家长的焦虑从十月怀胎开始，像疯长的野草，割了一茬又一茬。出生前担心胚胎发育不良，出生后又担心孩子的健康，稍大一点儿又因为孩子说话慢、不会爬而焦虑。幼儿园担心孩子碰到无良保育员，受伤害；小学担心孩子吃不饱、受欺负；初中担心考不上好高中，被欺凌；高中担心上不了好大学，青春逆反；到了大学又担心荒废学业，交友不慎……

也许有的家长会问，"我让孩子考个好成绩、上个好大学、找个好工作、娶（嫁）个好对象，这有错吗？"答案肯定是没错，但因为在长期的工作中，我看到了太多家长的焦虑、任性，甚至是偏执，读懂了太多孩子的孤独、无助，甚至绝望，才有了这不吐不快的担忧。

近年来，尽管各级教育行政部门三令五申要减轻学生课业负担，要做好减负提质，但很多家长由于重智育、轻德育的简单思维作祟，对给孩子报各种补习班、兴趣班、特长班情有独钟。从学前的早教班、启蒙班、幼小衔接班，到小学的各种兴趣班、才艺班，再到中学各种补习班、拓展班、提升班……经济富裕的家庭一掷千金，毫不含糊，经济并不宽裕的父母也会勒紧裤腰带，下赌注般的决绝。问题的重点是，很多的课外辅导班，家长都是越俎代庖，压根没有跟孩子商量，或者是商量不通直接硬报。焦虑的情绪，真假难辨的宣传信息，少数极端成功的案例，让本应甜蜜温馨的父母之爱，变得急功近利、冰冷脆弱，也让太多孩子本应色彩斑斓的童年、青少年变得黯淡无光，甚至压抑、窒息。

现如今，在大学校园里出现越来越严重的"空心病"现象，一些从小到大表现优秀的大学生，或者说是人们眼中的"好孩子"，成长过程中没有明显创伤，生活优渥，却常常感到内心空洞，只是按照父母的遥控麻木地生活而已；有些人毕业后宁肯宅在家里"啃老"，也不愿独立面对社会；有些人在参加工作实现生活和经济独立后，很快与父母切断联系，将父母拉入黑名单，用20万买断养育之恩的，也屡屡见诸媒体。

联想到国内某知名高校的留学生王某在把父母拉入黑名单后的一段话，值得所有因孩子学习而焦虑的家长反思：从小到大，他连选择穿什么衣服的权利都没有，所有衣服都按照母亲的喜好来置办。一切学习、生活、交往，都由父母把控，他任何越出边界的行为，都会遭到严厉斥责。哪怕是出国读研究生，父母的"关爱"也如影随形，安排"老朋友"照顾他，尽管他与这位"老朋友"合不来，父亲却依然要求他学会跟不同类型的人交往。长久以来，他觉得活得像一个木偶，唯一的价值就是成了父母炫耀的道具面子。

由此可见，虽然所有父母都担心孩子在成长的道路上可能会遇到各种各样的问题、困难，甚至是伤害，但无论你怎么焦虑担心，都无法决定孩子的一生，倒不如放下心中的焦虑，试着用欣赏的眼光来陪伴孩子，让父母之爱变得更加柔和、纯净。

分析焦虑的根源

生活中有个假象，当询问一些家长"希望自己孩子怎样成长"时，很多家长都会故作轻松地说，"孩子的健康快乐比什么都重要""只要孩子尽力了就行"，等等。但等到每次期末考试成绩出来，或者中、高考成绩公布后，这种宽容的假象就被撕得粉碎。

"考这点分数，真让你丢死人了！"

"成绩这么差，你对得起我起早贪黑地伺候你吗？"

"某某家的孩子成绩多好啊，你能让我省点心吧。"

家长焦虑、口不择言的气话，会像一支支利箭，一点点击碎孩子的自尊。同时，部分家长的心口不一，会让孩子觉得父母更加虚伪，不知不觉中关闭了心门，不愿再与家长交流心里话。家长的焦虑，加剧了亲子之间的矛盾。

静下心来思考，我们会发现"父母焦虑的背后其实是无处安放的爱和担忧"。在社会竞争越来越大的今天，"输不起"已经成为家长们的普遍心理。经过大量的走访调查，我们不难发现造成家长焦虑的根源既有来自个人的浮躁习气，也有来自周围大环境的压力。

　　造成家长焦虑的个人因素有三个：一是盲从心，在询问家长给孩子报班出于何种考量时，大多数的家长给出的答案是，"人家都给孩子报班，我们不报就觉得自己不称职，有点对不住孩子似的"，这些家长之所以盲目跟风，都是轻易地相信了流行的谬误，这也是当下部分成年人幸福感不会超过五分钟的根源。二是补偿心，现实生活中，很多父母忙于工作和快节奏的生活，在陪伴子女方面会出现一些欠缺，在教育孩子方面会感觉力不从心，于是纷纷慷慨解囊，给孩子报各种补习班、特长班，以补偿自己在教育孩子方面的缺陷。三是功利心，在这个充满功利与喧嚣的社会氛围中，很多家长因为自己成长的坎坷遭遇，想当然地把"艺多不压身""多项技能多条出路"等传统思想，简单粗暴地运用到孩子身上，更有甚者，把大人的价值观强加给孩子，无视孩子的需求和反应。

　　造成家长普遍焦虑的社会因素有二：一方面，我国正处于快速转型期，整个社会的发展充满了各种不确定因素，很多家长以自己的人生经历为参考，让自己的家庭教育被世俗的观念裹挟，导致父母在孩子的教育上攀比之心日益严重。另一方面，部分媒体在宣传家庭教育经验的时候，片面追求经济利益，大肆宣扬非科学化的个别家庭教育案例，对社会舆论热点过度炒作，诱导更多的家长盲目追随媒体宣传，对孩子的教育更加偏执和功利，完全忽略了孩子才是生命的主角。

消除焦虑的途径

在家庭教育中最悲催的事情，莫过于父母倾尽全力，甚至使出吃奶的劲，却做了一件本不该做，甚至完全错误的事情。要消除父母对孩子教育的焦虑，不外乎做好以下三件事。

一是尊重孩子成长的规律，着眼孩子终生发展。

尊重孩子成长的规律，就是在该干什么事的年龄就干什么事，就像种庄稼一样，春种夏耘，秋收冬藏，都是有时令限制的。许多年轻的父母望子成龙、望女成凤心切，一直在拔苗助长：幼儿园的孩子学小学知识，小学学中学知识，到了大学反而不学习。孩子没有尝到学习的甜头，却尝尽学习的苦头。殊不知，被催熟的孩子和反季节食物一样，虽能引起一时的惊喜，终究经不起时间的考验。

儿童时期的显著特征就是活泼好动、对世界充满好奇，可有些家长却简单要求孩子听话、懂事、感恩，学习时要专心，玩耍时不要忘乎所以，完全忽略了孩子应有的心智水平。一旦孩子犯了错，家长又习惯于用自己的认知水平来衡量问题，认为自己讲得已经非常清楚了，认为问题是如此简单。面对父母不明就里的批评、责骂，很多孩子心里自此埋下了胆怯、恐惧的阴影。所以，要想成为合格的父母，首先应该学会尊重孩子的成长规律，从孩子的角度去观察问题、考虑问题，用长远的眼光来助力孩子的终生成长。尊重是保护孩子免受伤害的前提。

二是降低期望值，学会对孩子的行为分类管理。

焦虑与期望成正比，在实际能力一定的情况下，期望值越高，家长的焦虑程度就越高。降低期望值不等于撒手不管，当孩子管不住自己，或者缺少学习兴趣时，我们应该智慧地管，既要保持应有的理性，放下跟风和盲从的思维定式，又要相信自己的孩子，放手让他试错，进而发现孩子真正的兴趣并加以引导。

特别是孩子进入青春期以后，要求独立与尊重的意愿日益强烈，但此时很多家长往往会因为自己成长中的阴影，对孩子的人身安全的焦虑有增无减。为什么回家晚了？跟谁出去玩？会不会交友不慎？是不是早恋？这些问题让有些家长整日提心吊胆。管得轻了，孩子置若罔闻，管得重了，孩子横眉冷对，直至逆反离家。这里说的降低期望值，不是教家长逃避问题，更不是放弃不管，而是温和而坚定地守住自己的底线，理智地看待孩子的行为，学会分类：哪些是烦人但不讨厌的，哪些是值得鼓励支持的，哪些又是必须禁止的。当家长娴熟地将孩子的日常行为进行归类后，会发现孩子90%左右的行为都是烦人但不讨厌的，大都可以忽略不计，这时大人的焦虑情绪自然就烟消云散了。

三是从改变自己做起，牢记家庭教育的本质。

家庭教育界流行这样一句话："家长要求孩子做的，如果自己能够做到，那他（她）一定是圣人。"尽管孩子成长的过程是不可逆的，但家庭教育的方式是可以改变的。父母既然心疼孩子、爱孩子，就应该先从改变自己开始，不断学习优秀的家庭教育理念，保护孩子的好奇心、自信心，培养孩子的责任心、感恩心，才有可能改变孩子的一生。如果仅凭想当然的经验去培养孩子，甚至在孩子无力反抗的时候，想怎么教育就怎么教育，任性而为，那你在孩子身上所有的付出都有可能费力不讨好，甚至是南辕北辙、事与愿违。

当前社会中，很多社会机构敏锐地嗅到了家庭教育的巨大商机，纷纷转行投入进来，造成家庭教育市场鱼龙混杂、参差不齐。个别团体为追求经济利益，把孩子成长中出现的小问题放大，乱贴标签，忽悠家长多掏钱，让家长变得焦虑不安。然而，仔细分析我国家庭教育的症结，不是家长管少了，而是家长管得太多了。从本质上讲，真正的家庭教育不是教给家长足够多的驭子技巧，而是引导家长学会沟通与理解。因此，在这个心灵鸡汤和各种专家满天飞的年代，家长既要保持开放的心态，接受科学严谨的家教理念，还应该保持相对的定力和审辨能力，用从容乐观、积极向上的心态，潜移默化地影响孩子，这便是最好的家庭教育。

第二章

和谐的夫妻关系是孩子成长的基石

和谐夫妻让家庭更具包容性 / 和谐夫妻让孩子生命丰盈 /

和谐夫妻需要及时沟通

刚参加工作那几年，因为单身没事干，下班后就经常跟着校队的学生打篮球，一打就是三四年的光景。可是有一天，打着打着我忽然不想打了，想成个家了，就经朋友介绍，认识了现在的媳妇。我和媳妇从第一次见面到结婚历时五个月，那叫一个干净利索，利索到结完婚双方父母还没有见面。岳母说："之所以这么爽快地同意你们结婚，就是因为你第一次登门就能熟练地做一桌精致的饭菜，让人觉得踏实、可靠。"可我却觉得仅仅因为会做饭就能娶上城里的媳妇，简直太容易了，太赚了。

结婚之前，岳母告诉我，"因为就这一个闺女，所以平时有点娇惯，除了不会做饭，其他基本都还可以。"结婚以后，我才发现岳母过于保守了，什么叫"除了不会做饭啊"，准确的说法应该再加"两个不会"：这也不会，那也不会。

虽然媳妇懒点（据说在单位比较勤快），但瑕不掩瑜，和她单纯善良的性格相比，我觉得这些都不是事儿。尽管有时候媳妇也有点小自私，她能被电视剧里艰辛的生活感动流泪，可当我在一边小声嘟囔"咱娘在老家的生活不比电视里容易"时，媳妇能关掉电视立刻走开，但有些事情只要给她讲通道理，媳妇还是比较"盖大面儿"的。我从不奢求媳妇能够完全融入我的原生家庭，只要她能一心跟我过日子，尤为关键的是，她为了打理好我们的小家庭，一直在非常努力地改变自己，这已经足够了。

今天之所以提笔写写夫妻关系的文章，绝无半点撒狗粮、晒幸福之意，而是因为随着对家庭教育研究的深入，我越来越感觉到夫妻关系的和谐与否，对于孩子的学习、成长乃至以后成家立业，都会产生不容小觑的影响。然而现实生活中，有太多的年轻父母尚未觉察到此中厉害，经常吵架、赌气离婚、孩子降生后父亲角色边缘化、教育孩子意见不一致、过早让孩子寄宿（小学或初中住校）等，都会对孩子的成长留下阴影，形成隐形的伤害。

正所谓"幸福的家庭其原因都是相似的"，和谐的夫妻关系也无外乎相互尊重、彼此信任等。而我想说明的是：和谐的夫妻关系不是没有矛盾，而是夫妻之间在出现矛盾时，能有属于自己的化解机制（办法）。切忌冷战，冷战会让很多鸡毛蒜皮的小事发酵。

我媳妇是个标准的吃货，虽然平时从不擦脂抹粉、描眉画眼，但在吃的方面出手阔绰、毫不含糊。什么巴西松子、美国碧根果、夏威夷果、盐焗腰果、炭烧山核桃、爱媛果冻橙、蜂蜜葡萄柚，春见粑粑柑、晴王葡萄、山姆瑞士卷等，我都是在媳妇边吃边介绍的过程中认识的。有时候，媳妇很好奇地问我："这么好吃的东西，你怎么不吃啊？"我回答"舍不得"，就会被她嗤之以"不懂享受生活"。所以，在我们家没有一顿美食化解不开的矛盾，如果有，那就两顿。

和谐夫妻让家庭更具包容性

在没有接触家庭教育以前，我们家的生活也过得磕磕碰碰，勺子碰锅沿的事情此起彼伏。最让我百思不得其解的就是：自家的老人和妻子本性都是很善良的人，为什么凑在一起的时候就有了分歧，一地鸡毛，纠纷不断，剪不断、理还乱。我永远忘不了，每次离开老家的时候，母亲总会扒着车窗一再叮咛："对媳妇好点，可不能欺负人家，更不能丧良心！"可当两人短暂相聚时，彼此的眼里就会都有一丝嗔怨。

在掌握一定的家庭教育理论知识之后，我自查自纠，找到病根：是我一厢情愿地想把两个原生家庭和自己的小家庭硬捏在一起，虽无高低、好坏之分，但我模糊了原生家庭和小家庭的边界，打乱了双方原有的生活习惯和价值观念，让彼此感到不适。顿悟之后，我才明白和谐夫妻关系的真正价值：和谐的夫妻关系，是稳定两个原生家庭和小家庭的压舱石，是促进三个家庭和谐共生的催化剂。

于是，在一次家庭会议上，我委婉地向父母表示："我们不能要求媳妇全盘接受咱家的生活习惯和观念"时，差一点儿被老父亲用拐棍打到（幸亏我跑得快），但从此换来了我一家老小的和谐太平，父母从此再也没说过媳妇半个"不"字。妻子眼见我为了她据理力争的尴尬，明白了她在我心中的分量，懂得我为了三个家庭和谐共荣的良苦用心后，变得更加懂事。

以前我回家给老人送生活费时，都是习惯性地问媳妇"我能拿点啥"，现在回老家，都是媳妇早早准备好吃的、喝的、药品、衣服等，一应俱全，面面俱到。我的底线是：所有东西先紧着小家用，我可以什么都不往回拿，但不能放坏喽、浪费喽。

和谐夫妻让孩子生命丰盈

结婚二十多年，我一直以为双方老人是和谐的夫妻关系的最大受益者，他们不用再为小家庭的稳定劳心费神，不用担心自己的孩子在对方原生家庭里受欺负，可以安心地过好自己的晚年生活。

但看到自己活蹦乱跳的孩子时，我恍然大悟，原来孩子才是和谐夫妻关系的长久受益者，父母的和谐相处会让孩子感受到足够的安全和依靠，进而会滋生一颗柔软细腻的心，拥有善良开朗的性格，这才是支撑孩子健康成长的动力源泉。

纵观孩子的成长经历，虽然学习成绩平平，但从幼儿园到小学，再到初中、高中，所有教过他的老师对他的评价高度一致：孩子善良、聪明，就是学习不够刻苦。

儿子的学习成绩虽然不尽如人意，但他一直在努力追赶，每周都有小小的进步，这也是难能可贵的。因为，我觉得孩子的性格抚养比智力培育更重要，让孩子具备积极正向的品质，是保证孩子健康成长的根基。如果人生的根基没有打牢，所有的培养都是"捡了芝麻，漏了西瓜"。

回想儿子成长的点点滴滴，偶尔迸发的成长火花，都让我骄傲不已。

四岁的时候，儿子能给奶奶说："以后长大挣了钱，我要给奶奶在济南买楼房。"

上小学的时候，儿子会经常去隔壁幼儿园找原来的老师玩。

七八岁的时候，儿子问我："为什么这么爱姥姥？"我回答："因为爱妈妈，所以巴结姥姥。"

上初中的时候，儿子一次贪玩晚回家五十分钟，看我着急抓狂的样子，不知所措地问："不就晚回来一会儿吗，至于吗？"当我说出"是担心他路上遭遇同学欺凌"后，孩子再也没有晚归过一次。哪怕是做值日，也要提前给我打个电话。

上高中后，儿子悄悄给我商量："自己最好的朋友父母要离婚，他想把朋友的父母领到家里来，让我帮忙劝说一下。"尽管我当时嗔怪儿子"多管闲事"，可事后想来，这既是儿子善良、重情义的表现，也是对自己家庭的高度认可。

时至今日，面临与日俱增的高考压力，儿子能够日拱一卒，默默加油，让我愈加相信：孩子的学习动力，一定来自课堂之外，而课堂之外的动力来源，当属父母的和谐关系给予得最持久、最长远。

和谐夫妻需要及时沟通

和谐的夫妻关系来自及时沟通，而沟通质量的高低则决定着夫妻间的密切配合程度。沟通质量高，配合得天衣无缝；沟通质量低，配合就会漏洞百出，让孩子觉察到父母的言行是有目的，是针对自己的，是在表演，此时的教育作用也就大打折扣，甚至会背道而驰。

随着孩子年龄的增长，特别是孩子的自我意识逐渐觉醒以后，单纯地讲道理、论对错等教育形式，对于孩子的影响是苍白无力的。好的家庭教育是让孩子在不知不觉中受到影响，进而赞同、接受父母的观点和看法。如何让家庭教育产生润物无声的影响呢？除了家长身体力行的榜样示范之外，还需要父母密切配合，始终在教育孩子的问题上保持高度一致，让孩子接收到清晰、明确的信号或建议。

现实生活中，有些父母懒得沟通，并且想当然地以为："这么明显的事儿，谁能看不出来！"把夫妻密切配合教育孩子的事情，寄希望于另一半能够想得到、猜得准，结果往往会事与愿违，当场"翻车"。

个人以为，夫妻密切配合的诀窍在于：事先沟通。今天孩子出现了什么问题，一会儿我打算怎么处理，我希望你怎么配合，就像电影导演给演员说戏一样，要让双方明白彼此的良苦用心和预期效果，方能实现宽严适度、刚柔并济、无坚不摧、无往不胜的效果。

。

第三章

『真爱』让孩子无敌

性格抚养比智力教育更重要　／　亲情陪伴比物质给予更重要　／

品德才是决定孩子一生的关键

什么是"真爱"？

用书面语解释为"不带任何附加条件的爱"；通俗一点儿来讲，就是面对孩子忽高忽低的成绩，父母仍然能够做到气定神闲、不急不躁。生活中存在一种假象，有些家长在平时闲聊时，都能优雅地说一句"孩子的健康快乐是第一位的，学习上只要尽力就行"，然而当真正面对不如意的成绩时，伪装和面具就会摔得稀碎，乃至暴跳如雷。以至于在今后孩子面临中高考，被压力压得喘不过气来时，尽管你故作镇静地安慰，"没事孩子，只要尽力就行了"，其实孩子知道你是在说谎，内心是不会相信的，因为他们从小看惯了家长言行不一的面目。所以，我今天要讲的父母与子女之间的"真爱"，是面对孩子不理想的分数，能够心平气和地帮孩子分析原因，提供应对建议，并能在孩子成长中努力践行——吾爱高分，吾更爱吾子。

也许有人会认为这是对孩子的溺爱和放任，甚至有人会指责我不负责任，"现在不逼一逼孩子，就等于给他（她）一个悲催的晚年"。对此，且听我慢慢解释，一是不偏执于孩子的成绩不等于放任不管，学习是孩子自己的事情，作为家长，在做好后勤保障和必要的思想引导的基础上，要让孩子明白，父母虽然喜欢优异的成绩，但更喜欢他（她）努力的样子；二是让孩子拥有一个快乐幸福的童年，一定会逐渐滋养出一颗阳光、豁达的心，这是孩子学会制造一生幸福的源泉。

学习家庭教育多年，三个育子理念牢牢扎根我的心底：

1. 性格抚养比智力教育更重要；

2. 亲情陪伴比物质给予更重要；

3. 品德才是决定孩子一生的关键。

每有闲暇，我就把身边看到的、媒体上听到的形形色色、不论成败的案例，都和这三个理念相链接。深入分析之后，让我觉得家庭教育工作在传统的教养方式、功利的教育氛围以及浮躁的社会风气面前显得那么苍白无力。

性格抚养比智力教育更重要

不可否认，随着社会的发展进步，当今的父母文化层次和个人修养都普遍提升，有的学生家长还是高学历、高智商的"双高人才"。即使如此，在现实生活中仍有太多的家长把评价孩子优秀与否的标准，简单地和成绩画等号。有的家长认为自己优秀，孩子就必须优秀，完全忽略了成长环境的不同；有的家长觉得同是自己的孩子，老大优秀了，老二也必须优秀，忘记了"龙生九子，各有不同"的古语；有的家长盲目跟风、攀比，别人家孩子学什么，自己孩子也要学什么，所谓"成年人的幸福不过五分钟"，病根就在于此；有的家长虽然表面淡定，但因为只想到了孩子上辅导班的绝对价值，固执地认为"上就比不上强"，完全没有计算孩子为此付出的精力和最终的收获是否相匹配。

所以孩子厌学低龄化的现象越来越严重，成绩优秀但性格孤僻的孩子屡见不鲜，学习优异但抗挫能力不佳的学生也大有人在。急功近利的家庭教育思维，让家长一心想着考高分、上重点，完全忘记养育子女的本心，也让孩子原本充满童真童趣、色彩斑斓的童年变得单调、乏味，甚至令人窒息。一些原本活泼可爱的萌娃，因为在学习上透支了太多的时间、精力，逐渐变得懦弱，没有主见，冷漠、不懂感恩，出现极端行为也就不足为奇了。

没有活泼、开朗、阳光的性格作为支撑，孩子的生长就会缺少爱的滋养，就会变得脆弱不堪，就像展台上的高档瓷器，虽然价格不菲，却摸不得、碰不得。

亲情陪伴比物质给予更重要

生活在物质极大丰富的当下，不能不说是孩子的福气，从琳琅满目的玩具到工艺精美的学习用品，从款式多样的服装到价格不菲的运动鞋，再到各种令人眼花缭乱的电子产品，提高了孩子们生活品质的同时，也无形中增加了家长生活的压力。于是，有些父母就以"挣钱养家，让家人过上好日子"为由，理直气壮地在外面打拼、应酬、交际；有的父母忙完一天的工作，回家一身疲惫，根本无暇顾及孩子渴望陪伴、渴望爱抚的需求；还有的父母把陪伴等同于单纯地和孩子待在一起，虚于应付。

都说"人小鬼大"，其实不管孩子年龄大小，父母是敷衍还是走心的陪伴，他们都能感觉出来，长期缺乏父母关爱，孩子就会状况百出，有的慢慢养成了自言自语的毛病，有的躲进屋里默默发呆，有的会"移情别恋"，和身边的玩具建立了难以割舍的情感联结。到学校调研时，我发现很多的中小学生上课时眼神是空洞的、游离的，通过跟踪调查，有越来越多不容乐观的现象，让我把这部分孩子归类为"隐性留守儿童"。这部分孩子，虽然从来没有离开过父母，家庭条件也算殷实，但家庭成员之间的有效沟通少得可怜，共同生活在一个屋檐下，有价值的交流趋近于零，父母除了问问孩子的学习情况，催催写作业，大部分时间是沉浸在自己的工作、生意、朋友圈和生活琐事里。有时候，孩子喊好几声妈妈、爸爸，父母都充耳不闻，甚至不胜其烦。

其实，养孩子和养花是一样的道理，你只有及时浇水、及时松土、及时施肥，提供适宜的温度和光照，才能等到鲜花怒放、满屋花香。否则，所养的花或绿植，一定会变得不正常，要么不开花，要么越长越苗细，要么枯死。养育孩子也要精心、用心、细心，家长偷多少懒，孩子就会出现多大的问题。时下有的年轻妈妈没有耐心，孩子一哭闹就给他（她）玩手机，孩子一玩手机立刻安静下来，时间一久，妈妈偷了多少懒，孩子就会有多大的手机瘾。更让人担心的是：现在有越来越多的妈妈在用手机"看孩子"。

所以，今天我所讲的"陪伴"，不是指空间上形影不离、长时间腻在一起，而是指高质量的有效陪伴。它可以是茶余饭后的一个笑话，可以是半个小时的睡前故事，可以是周末半天的体育活动，甚至可以是家长说出工作、生意的烦恼，听听孩子脑洞大开的无忌童言。高质量的陪伴与时间的长短、次数的频疏无关，只要家长真正走心，就是有效、有益的亲情链接。就像一次对视，就能明白彼此需求的心有灵犀；一声叹息，就能产生感同身受的情感共鸣。

品德才是决定孩子一生的关键

伴随着孩子的成长，有些家长的焦虑情绪并没有因为衣食无忧而有一丝一毫的消减，尽管有些父母已经"小心翼翼"，可孩子自私、任性的问题日益明显，稍不如意就离家出走，抑郁、轻生的倾向日益凸显。究其原因，有两个主要方面：

一是有些家长在孩子的成长过程中，过于重视智力教育，轻视甚至忽略了品德的培养，而品格和德行的养成，基本与学校无关，它主要源于家庭和生活的塑造，是孩子在经历了日常生活中的点点滴滴后，逐渐凝结参悟而成的。那些整日埋头书山题海，整天奔波于学习、补习班、辅导班的孩子，是经不起生活的磨砺和风吹雨打的。"一俊遮百丑"的思想已经out了，任何一点儿不良嗜好和品行瑕疵，在过早的孤独中煎熬，都有可能豢养成洪水猛兽。

也许有家长会觉得非常委屈，明明自己平时也给孩子留出了玩耍的时间，只不过是要求孩子先写完作业，再痛痛快快地玩而已；也有家长不惜重金给孩子报艺术班，不求孩子成为艺术家，只希望能提升孩子的生活品质；还有家长会在天气好的时候，主动撺着孩子下楼跑步、打球。对于这些委屈，我也只能用"呵呵"来回应了，因为"你以为的"也只是"你以为的"，它永远不可能和孩子当时的需求吻合，能有点交集就算是比较开明的家长了。不信的话，我们可以换位试试，现实中哪位家长能做到工作时认认真真，休息时心静如水，各种情绪与状态泾渭分明，互不影响呢？家庭教育界有个笑话，"我们成年人要求孩子做到的，如果成年人做到了，那这位成年人活得就会像个圣人。"

二是有些家长虽已为人父母多年，但始终没有弄清对子女"真爱"的内涵，所谓"真爱"不是对孩子一味地付出，也不是为子女包办一切，而是在父母的关注和引导下，放手让孩子按照自己喜欢的样子去努力！

作为家长在陪伴孩子成长的过程中，应该始终牢记"每个孩子都是独一无二的"，作为父母应该尊重自己孩子与别人家孩子有所不同的事实，不盲从、不攀比，更不能用自己成长的经验代替孩子成长的过程，理应重新捡起培养孩子良好品德的重要职责，把"生活即是教育"镌刻在骨头上，珍惜每一个与孩子走进自然、融入社会、品味生活的机会。生活永远都是培养品德的教科书，而品德才是一个人所有才华的统帅。

前一段时间，看到李希贵校长在一篇文章中这样解读中小学的作用："中小学的实质，是孩子进入社会之前的社会，目的是让他们'先活一遍'，3-18岁的基础教育，真正作用是在这个教育者守护的边界里，让学生尽情选择，充分试错，亲身体验成功的喜悦、挫败的迷茫，让那些经验促进学生成长，这个成本可比进入社会再犯错小得多。"这段话值得每一位教育工作者和家长深思。作为家长一旦明白了什么是对孩子的"真爱"，且能一以贯之的践行，让孩子毫无觉察地沐浴其中，他们的成长才会是真实的、充分的，哪怕孩子将来的人生不会顺风顺水，但一定会可圈可点，精彩纷呈，回味无穷。

第四章

一日三餐中
隐藏的家教契机

一日三餐蕴含着浓浓亲情 ／ 厨房烟火能化解家人的隔阂 ／
家常便饭统一着家人的价值观念 ／ 参与做饭为孩子的成长赋能

从事家庭教育指导时间久了，我在对亲子关系比较紧张的家庭进行个案辅导时，会综合考量很多看似与问题无关的因素，例如家庭经济来源是否稳定、夫妻关系是否和谐、家人沟通渠道是否畅通、一日三餐是否及时可口等，上述条件表面上与亲子关系毫无关联，其实每一项指标都能印证出一个家庭的涵养功能是否健康。就拿再平常不过的一日三餐来说，一家老小围坐在餐桌前相互谦让、彼此关心，看似平淡无奇，却在无形中发挥着凝聚亲情、体现关爱、化解尴尬、修复矛盾的隐性功效。

一日三餐蕴含着浓浓亲情

现实生活中，有些年轻的父母因为工作繁忙或者自己厨艺水平有限，习惯于点外卖和外出就餐，且不说外面饭菜的高油高盐不利于家人的健康，会让孩子的口味越来越重，还会让整个家庭因为清锅冷灶，少了些温馨与烟火气。都说厨房的温度最能体现一个家庭的亲情冷暖，说的就是这个道理。

就拿很多家庭容易忽视的早餐来说，有些家长因为上班路途较远、路上交通拥堵等原因，把家里的早餐变得简单、乏味，常常用面包、牛奶打发了事；也有些年轻父母习惯于领着孩子在金德利、超意兴或其他快餐店，匆匆吃几口，在不停的催促声中把孩子送到学校，然后开始自己忙碌的一天。殊不知，一顿可口的早餐是开启孩子一整天快乐的能量源泉，是支撑孩子一上午专心学习的重要保障。

也许有些家长觉得委屈，会用"孩子早上起不来""俺孩子早上没有胃口""自己工作忙"等理由开脱，因为自己也是工薪阶层，所以我非常理解家长的压力和窘迫。不过静下心来想想，孩子的这些问题就真的无解吗？大家常说："只要思想不滑坡，办法总比困难多"，孩子不愿在家吃早餐，是不是自己家的早餐过于单调了？孩子早上起不来，父母是不是更应该帮他养成良好的作息习惯？早上没胃口，是不是可以让孩子起床后喝口水润润肠道，情况可能就会好些？扪心自问，上述孩子早餐时经常出现的问题，其背后有多少是因为家长存在偷懒、图省事的念头在作祟？

回想自己孩子的成长，让我最引以为傲的是孩子在小学和初中阶段，我们极少在外面吃早餐。每天早上我会提前一个小时起床做饭，馄饨、蛋炒饭、疙瘩汤、水饺、焖饼、寿司……花样翻新的早餐让孩子惊喜不断。有时候，我只需小声在孩子耳边说一句"肉沫刀削面做好了"，儿子就能一个骨碌爬起来。时至今日，我仍觉得自己做过最牛的事就是：一周之内，从来没让孩子吃过两次面条。

私下里，孩子妈妈也曾问我："为什么执着于每天给孩子变着花的做早饭，在外面买点多省事啊。"我总是笑着回答："表面看仅仅是一顿早餐问题，其实小小的早餐蕴含着大大的能量，它既是保障孩子一上午精力充沛的主要能量，也是养成良好饮食习惯的重要一环。"有的家长习惯于早上给孩子点零钱，让他买点自己喜欢吃的当早餐，却不知道，很多时候孩子都把买早餐的钱省下来，买了各种零食（垃圾食品）和饮料，时间久了，家长又反过来嗔怪孩子喜欢吃垃圾食品，唯独没有反思：孩子喜欢"重口味"的癖好是怎么形成的！这个板子真的就该打在孩子身上吗？

厨房烟火能化解家人的隔阂

在和年轻的父母聊天时，我经常提醒家长：父母在养育孩子的过程中不能存有偷懒的想法，就像庄稼的收成一定跟种地人的勤懒直接相关一样，家长偷了多少懒，孩子在今后成长中就会经历多少困惑和迷茫，因果相应，无一例外。

当然，有时孩子也表达自己想出去买点吃的意愿，"我同学都在学校门口买中式汉堡，我也想吃。"我都会毫不犹豫地拍出20大洋，满足他的好奇心。因为对自己的厨艺比较自信，我相信孩子尝过、比过之后，一定会回到家庭餐桌上来。"要想拴住一个人的心，就先要拴住他的胃"，本是青年人追求爱情的常用技巧，没想到用在塑造紧密的亲子关系中，竟也如此贴切。

随着年龄的增长，儿子进入青春期以后，也曾出现逆反的情况，在我与他多次沟通之后，依然收效甚微，有一次当他触碰到教育底线时，我还动手打过他。当儿子捂着脸，哭着回自己房间时，我也心疼、后悔，但此时所有的解释都是苍白的。于是在沉闷半天后，我走进厨房，静下心来，只想着怎么做好眼前这道菜。虽然这个做法很笨，却最有效，孩子听着我在厨房里叮叮当当做饭的声音，对抗的情绪慢慢平复，吃饭时尽管孩子暂时不说话，却低着头狼吞虎咽地把秦氏红烧肉、宫保鸡丁吃个精光，看着孩子满头大汗的吃相，我知道父子之间已经没有隔阂。

俗话说得好："要吃还是家常饭，要穿还是粗布衣，"很多人都习惯于从养生的角度理解这句话，可我却觉得里面包含着大量"修身、齐家"的哲理：家常饭不但养生，而且养心，养出来一家人相互的依恋与牵挂，养出来亲人间彼此的信任和包容。

家常便饭统一着家人的价值观念

一家人围坐在一起用餐，不讲排场，不用客套，虽然是萝卜青菜各有所爱，但又彼此照应，夹菜、盛饭、递筷子的瞬间，表达了相互之间的关爱与包容，家庭餐桌之上，汲取的不仅是营养和美味，也是家人之间增进情感链接和亲情慰藉的美好时光。

所以，看一家人吃饭时的情景，就能知道整个家庭成员的家庭教养和伦理关系，可以品出家人之间感情的亲疏，甚至还可以觉察到孩子的成长走向。当年轻的父母教育孩子要懂得感恩时，是不是应该回想一下，自己平时的一日三餐第一碗饭盛给了谁？当外出就餐要求孩子注重餐桌礼仪时，又能否想起自己在家里吃饭时的举止和习惯？当夫妻关系、亲子关系出现问题时，是否尝试过亲手做一顿可口的饭菜来化解矛盾与隔阂？

家庭餐桌之上，除了上述显性的教育功能之外，还有不容小觑的隐形功能。越来越多的案例证实：家人之间一日三餐时的闲聊对孩子有着潜移默化的影响。餐桌之上，当爸爸喜欢聊时事新闻、剖析社会现象时，孩子对社会事件的认知度也会水涨船高，这在很多孩子的作文中能够得到印证；当妈妈经常评论家长里短、孰是孰非时，孩子也会变得善于敏感、仔细，有利于孩子与同伴的交往和友谊。一家人的餐桌闲聊，看似有一句无一句，非常随意，但家长对身边人、事、物的看法、态度，会对旁边埋头吃饭的孩子产生不小的"熏陶"，这种弥漫着饭菜香的闲聊，会对孩子价值趋向的形成产生深远影响，这也是整个家庭价值观念慢慢形成的重要时机。究其原因，大概是家长在自家餐桌上闲聊时是最放松的时候，最能讲真话，因而才更容易被孩子"消化吸收"。

倘若，家长在餐桌闲聊时，能够有意无意地多聊些充满正能量的话题，对孩子成长一定会起到润物无声的作用。同时，对孩子感兴趣的话题不忽视、不搪塞、不上纲上线，轻松地交流，一定会使亲子关系更融洽、更和谐。

参与做饭为孩子的成长赋能

当下，为了贯彻落实"五育并举"的教育方针，培养孩子"德智体美劳"全面发展，所有中小学都开设劳动教育课程。然而，个别学校因为对劳动教育的认识高度不够、理解不深，仅仅停留在"为了让孩子劳动而劳动（教育）""有劳动无教育"等浅表层面，没有深刻领会"劳动教育重在体验和感受"的真正内涵。例如，劳动教育课程中依据学生的年龄和任务的难易程度，要求孩子学会做一些简单的饭菜，其目的绝对不是"让孩子学会做饭，长大不挨饿；也不是孩子懂得自力更生，独立生活"这么简单。加之，由于家校沟通不畅，少数老师只是一味地要求家长上传孩子洗菜、做饭、刷碗的照片，留存资料，却没有详细解读劳动教育的对孩子健康成长的深远意义，造成了一些不必要的家校误解和矛盾。

其实，在学校开设劳动教育课程是将"立德树人"教育目标生活化、具体化的有效举措。让不同年龄阶段的孩子学会做饭、帮厨，其更深层的用意是："不论饭菜的成功与否，孩子都能在做的过程中，充分体会岁月静好背后的生活真实，克服对火和热油飞溅的恐惧，通过调整火候、拿捏咸淡，提升自身的观察力、判断力和掌控力，继而体验成功喜悦或失败的酸楚，感悟承担家庭责任带来的归属感和自我价值感。"因此，从长远意义上讲：孩子学习做饭是在为自己的成长赋能，是让自己的生命变得更加丰盈且有韧性。

生活即教育，家庭教育更是与生活息息相关。一日三餐、家常便饭，在这个物质极度丰富的时代，看似无足轻重，它却是家人之间坦诚相待、表达爱意的绝佳时机。父母如何看待一日三餐的意义，会对孩子今后的生活品质留下深深的烙印，餐桌的温度，决定着一个家庭的幸福指数。一日三餐，吃的是米面时蔬，滋生的却是难以割舍的依恋和亲情，不管今后孩子走多远，经历怎样的磨难，能支撑他走下去的力量，一定来自"家的味道"。

第五章

。

找到孩子身上
内驱力的开关

我儿子在济南一所普通高中就读，虽然没能考进重点高中，但他的高中生活过得一点儿也不轻松，甚至还有些迷茫无措。也许有人会喷我，孩子连重点高中都没考上，何以在此妄谈家庭教育？真正的家庭教育应该着眼孩子的终身发展，成绩的优劣或某段时间的表现不足以评判家庭教育的成败。因为学习只是孩子人生的一小部分，真正能够决定孩子一生成就的应该是他（她）的性格！

高一的时候，儿子的班主任是位三十岁冒头的男老师，不苟言笑，带班比较严格。新生报到的第一天，我和儿子领完住宿用品后，我坚持让孩子跟我一起学习铺床、套被罩、套枕套，全然没有发现宿舍里其他床位都是家长默默地做着这些，直到老师打电话告诉我：全班同学基本到齐，就差我孩子了，我才催着孩子赶紧先去班里。我整理完剩下的内务，心满意足地在校园里溜达，忽然想起应该去认认孩子的班级。然而，当我拐弯抹角找到孩子班时，却隔着窗户看到儿子正贴着墙站在门后，我心里咯噔一下，充满了疑惑和内疚，老师为啥让他站着？是因为错过集合时间迟到了吗？早知如此，我何必让孩子跟着学习整理床铺啊，我自己干了不就完了！我压制着要冲进班里一问究竟的冲动，等集合结束后，我急忙询问儿子原因，儿子低着头，红着眼圈说："老师说班里桌椅没有配齐！"我当时后悔的肠子都青了，恨不得给自己两个大嘴巴子。我一面给儿子道歉，一面宽慰儿子说："是咱们忽略了集合时间，确实迟到了，咱们有错在先，老师这么做没有问题，男子汉就应该学会直面各种意外情况。"

话虽这样说，我隐隐约约感觉到，这个意外插曲多少都会对儿子崭新的高中生活产生影响。果不其然，军训结束后，正常的学习生活一开始，儿子就各种小状况层出不穷，早自习迟到，上课不用心听讲，晚自习交头接耳，熄灯后说话，偷买饮料喝……班主任老师一如既往的严厉，罚站、抄舍规（多少遍忘记了）。虽然我知道青春期的孩子出点小问题、犯点小错误再正常不过，让老师适当敲打一下不是坏事，毕竟老师对孩子的惩戒相较于社会惩罚要轻得多，但我还是为儿子的高中生活捏把汗，希望他能在磕磕绊绊的成长中，不要迷失了人生的方向和前进的动力。

儿子住校后，两周回家一次，每次回家或者返校我都开车接送，虽然来回路上比较拥堵，往往一趟就需要一个半小时，却为我和儿子创造了难得的亲子时光。我惊奇地发现，每次接儿子，因为两周未见、非常想念的缘故，基本我讲什么道理，儿子都能接受；每次送他的时候，因为又要两周不能见面，所以儿子诉说的各种困惑，我也都能感同身受。

眼看着第一学期还有三周就要平安结束，忽然接到老师的电话。原来，上午第一节班主任的课（数学），儿子居然睡着了，于是毫无悬念地被撵到教室后面罚站，一站就是一上午，儿子知道自己错了，倒也听命认罚。下午预备铃一响，儿子满心欢喜地坐到位子上，没想到又被及时出现的班主任叫到后面罚站。儿子不服气地争辩："我第一节课睡觉，已经罚站了一上午，我下午又没睡觉，为什么还得罚站？"在得到"必须罚站一周"的答复后，儿子的不服气立刻表现在脸上和后面的罚站中，各种鬼脸、各种站姿。我被叫到学校后，看到儿子的各种丑态，既羞愧又心疼。羞的是自己从事家庭教育指导，却没能率先教育好孩子；愧的是身为教育同行，给老师添了额外麻烦；心疼的是孩子站这么长时间，哪还有精力学习。

接下来的时间里，老师历数孩子各条罪状，儿子各种自我辩解，我在两难的窘态中不知所以地频频点头，理智告诉我必须和老师站在同一条战线上。在征得老师同意后，我和儿子单独来到操场，儿子的眼泪像断了线的珍珠，我知道此时讲什么大道理都无济于事。接近一个小时的独处中，儿子不停地嘟囔、不停地落泪，而我能做的仅仅是充满爱怜地递给儿子一张又一张纸巾。马上要和孩子分手的时候，我终于憋出了一句话，"儿子，你抽空问问老师，剩下的罚站时间能找人替你站一天吗？能的话，明天我来替你站一天。"儿子怔怔地看了我几分钟，他应该看懂了我满脸的真诚、心疼和无奈，转身离开了。

晚上九点四十左右，应该是刚下晚自习，儿子给我打来电话，电话里孩子泣不成声，边哭边说："老爸，我大彻大悟了，从进校到现在我惹了那么多事，你不但没打我骂我，还要来替我罚站，我以后要是再犯错误就不是人……"在儿子语无伦次的表述中，我心里的一块石头总算落地了。我知道我已经找到了儿子身上内驱力的开关，并悄悄打开了它。庆幸的是，第二天老师就终止了罚站一周的决定，一切回归正常。

剩下的两周时间里，儿子像是上足了发条的陀螺，高速运转，恶补此前落下的功课，虽然是临时抱佛脚，但也成效显著。期末考试，居然由级部800多名上升到280名。2020年春节，尽管因为新冠疫情的爆发冲淡了节日的喜庆，但儿子的寒假依然过得充实而又温馨。

其实在每个孩子的成长过程中，很多家长之所以身心俱疲，却收效甚微，很大程度上是因为家长越位了，在某种程度上代替了孩子的成长。需要提醒家长的是：在没有唤醒孩子成长的内在动力之前，所有的催促、提醒、监督都是无用的聒噪，而打开孩子内驱力开关的钥匙始终攥在父母手中。要想找到隐藏在孩子身上的内驱力开关，需要家长静下心来，在日常生活中寻找教育的契机。不同的孩子，打开内驱力开关的钥匙是不一样的，有的孩子可能需要一个拥抱，有的孩子可能需要一句赞美，有的孩子甚至只需要一个肯定的眼神，但所有的打开方式也有一个共同之处：那就是找准时机，让孩子看到你的真诚。

当然，打开孩子内驱力开关绝不是件一劳永逸的事情，就像全天候开着的日光灯会有爆炸的危险那样，经过一段时间的消耗，孩子的热情可能会有从波峰到波谷的转变，这需要父母细心观察，及时寻找新的机缘，再次激发。生活即是教育，生活更是最好的家庭教育，便是这个道理。

第六章

。

守住教育孩子的底线

前一段时间，清华大学刘瑜教授的一次演讲"我的女儿正势不可挡地成为一个普通人"引起了不小的热议。赞同者认为应该尊重每个孩子的独特性，帮助孩子找到喜欢做的事情，这是新时期年轻父母的使命；反对者则认为现实生活中到处都存在着激烈的竞争，无法接受孩子的普通。

笔者以为，大家之所以存有异议，是因为有些人错误地理解了刘教授演讲中的深层含义：允许或者接受孩子成为普通人，不是放任或者任凭孩子成为普通人。前者体现的是父母教育的孩子的底线思维，在坚守教育底线的基础上，尊重孩子的个性发展；后者则是无所作为、不负责任的消极表现。

生活中，我对儿子的教育理念就是坚守"有礼貌、不撒谎，认真学习"的底线，尊重孩子的个性特点。所谓"有礼貌"是强调孩子应该对父母、长辈有感恩和敬畏之心；强调"不撒谎"是希望孩子能够养成实实在在做人、做事的品格；至于"认真学习"主要是指孩子必须有好的学习态度，只要努力了，成绩的好坏并不是那么重要。

基于这一教育理念，儿子从小到大基本处于"散养"状态，我们的家庭关系非常和谐融洽。每当有好吃的东西，儿子都会让我和妈妈先吃，一般情况下，我都会笑着说声谢谢，然后让孩子吃。比较佩服的是我妻子，只要孩子让，她一定会接过来吃，还美其名曰"分享教育"。

至于报辅导班的问题，我们也完全尊重儿子的意见。儿子说："只要自己上课用心听讲了，就不用报辅导班，如果自己不用心学，报再多的辅导班都没用。"我们认同并尊重了孩子的想法，结果可想而知——从小学到高中，儿子的学习总是成绩平平，大多数时间是在级部中游偏上，偶尔会到上游冒个泡，但很快又回归中游水平。但我并不焦虑，因为我知道："学习终究是孩子自己的事情，作为父母可能无法让每个孩子变成学霸，但我们可以尽力保证不让孩子厌学。"

　　每个孩子天生都有好奇心，都有强烈的求知欲，但现实生活中有越来越多的孩子出现厌学的情绪，并且这种厌学问题，已经开始从高中向初中和小学蔓延，原因何在？我认为是部分家长给孩子过早设定了不合理、不科学的预期目标，在孩子没有体会到学习带给自己甜头和乐趣的同时，却尝尽了学习的苦楚和孤独，透支了孩子的心性和耐力。所以，正确的教育观不是非要把一棵小草培养成栋梁之材，而是要把小草培养成一棵健康的小草，一棵幸福的小草。

　　不强迫孩子报辅导班，不过分关注孩子学习，并不等于不管孩子。为了培养儿子积极进取、乐观豁达的品质，在平时的亲子时光里，我有意识地陪孩子做一些益智类游戏。小的时候，陪他玩扑克牌接龙、跳棋等游戏，最初儿子输了就哭，他越哭，我就越赢得迅速、直接、狠心，发展到后来，儿子变成了"二皮脸"，赢了笑，输了也笑。等儿子稍大点，我又开始陪他下象棋，一开始我让他一半的车马炮，到后来不用让也难分输赢。忽然有一天，儿子放学后迫不及待地摆好棋局，要陪我下一盘，没几步就把我将死了，当我还坐在原地一脸蒙圈的时候，臭小子已经钻进自己屋里，蒙上被子笑得浑身哆嗦。原来，儿子放学后看楼底下两个老爷爷在下象棋，就跟人家学了两招，回来就用我身上了。虽然被儿子打败，我还是在他身上看到了不服输的劲头，值得我喝二两庆祝一番。

　　然而，是孩子总会犯错的，列宁曾经说过，"年轻人犯了错，上帝都会原谅他"。但当孩子犯的错误触及底线时，父母就应该及时叫停，帮其踩刹车。从事家庭教育指导多年，我从没敢在公开场合讲过打孩子的问题，是担心有些家长生搬硬套，酿成不必要的后果。但我们都明白，当孩子犯错以后，只讲道理、说教，肯定是不行的；当错误超越了家庭教育的底线时，必要的惩罚实际上是一种保护，让孩子知敬畏、守规矩，才能帮助他（她）真正地成长。

儿子进入高一下学期后，我隐隐约约感觉到他在抽烟，怀疑的依据是：一次是他妈给他洗校服的时候，发现口袋里有烟丝；一次是在他枕头下面找出了打火机。妈妈多次质问，儿子都矢口否认，我决定召开家庭会议，想通过自己的三寸不烂之舌，动之以情，晓之以理，把吸烟问题轻松化解。

我对儿子说："吸烟这件事，本身无所谓对错，我坚决反对有些父母一看到孩子吸烟，就气急败坏地批评孩子不学好，但你不能在错误的时间、错误的地点，去做一件无所谓对错的事情。如果仅仅因为好奇，可以在家抽一支，我虽然不鼓励你这样做，但我知道作为父亲，除了要教会你怎样做个好孩子之外，我还要教会你怎么做男人，怎么做丈夫、怎么做爸爸，等等"。

原以为儿子会被我开诚布公、情真意切的说教深深地打动，谁知道儿子面无表情的一句"我没抽烟"，就把天给聊死了。

"没抽？没抽你口袋里怎么会有烟丝？"

"有烟丝就一定证明我抽烟吗？"

"那打火机是哪儿来的？"

"是同学塞给我的，明天他还要呢。"

"好吧，儿子，算你狠，就当我太焦虑了。"

此后一段时间，我虽然知道儿子仍在吸烟，但我不愿意翻儿子口袋，更不愿意抓他现行。我在等待一个时机，机会到了，问题自然会迎刃而解。

果不其然，儿子在学校偷偷吸烟，躲过了几次老师的盘查后，变得愈发大胆，终于被宿管大爷抓个正着，然后被勒令回家反省。当儿子稍显不安地站在我面前时，我心情异常平静，坚定地说："今天我一定要打你一顿狠的，但我需要说明的是，打你不是因为吸烟，而是因为你明明吸烟，却还口坚牙硬地狡辩。"一顿胖揍之后，儿子跑回自己屋里哭了起来，我心里也不好受，摔门而去，下楼平复一下心情。

在楼下公园游逛两小时，平复情绪后我重新上楼，打开房门，意外地看到儿子红着眼圈，递给我拖鞋说："爸爸回来了。"一句再平常不过的问候，让我的鼻子发酸，心里五味杂陈。我轻轻地"嗯"了一声，赶紧躲进厨房，琢磨着刚才到底发生了什么？

原来，我下楼之后，孩子妈妈就开始"唱红脸"了，历数我对儿子的各种关心、各种牵挂，比如儿子每次回家前，我都提前准备各种好吃的，有什么名贵水果都会想方设法留给他，等等，这场"鞋底+唠叨"的混合教育，让儿子幡然醒悟。

都说家丑不可外扬，我之所以把自己孩子的成长案例写出来，并不是炫耀自己的家庭教育方式。仅仅是想告诉那些整日焦虑于"孩子犯了错，到底能不能打"的家长，要因人而异、因事而异，有些孩子天生腼腆，就不宜过于严厉；有些孩子生性皮实，就适合"响鼓也需重锤敲"的管教方式。

除此之外，在用重锤敲打孩子时，必须具备两个条件：一是良好的亲子关系，孩子从小就是自己亲自带大，孩子与父母感情深厚，有足够的亲子资本，有很多美好的回忆，镌刻在孩子的心底；二是要有良好的夫妻关系，夫妻认识一致，配合默契，彼此一个眼神就能心领神会，一方对孩子实施了必要的惩戒措施，另一方必须及时跟进善后，安抚孩子的委屈，解释惩戒的根由。

"有了神一样的队友，谁害怕猪一样的对手"，愿越来越多的年轻父母尽快在教育孩子的问题上达成共识，携手同心，科学应对孩子成长道路上的问题。唯有如此，才能在教育孩子的过程中，做到张弛有度、宽严相济，才能让家庭教育少些担心与纠结，多些淡定与从容，让孩子真正实现心理和体格的健康成长。

第七章

。

再多给孩子些时间

儿子今年上高二，选科后班里换了个年轻漂亮的女班主任，是北大高才生，管理班级非常人性化，人很善良，是真正的以德育人。这恰恰也是我最担心的地方，都说知子莫若父，我知道儿子属于那种"三天不打，上房揭瓦"的类型，便经常叮嘱他："不能因为老师善良就任性而为，老师不想用简单粗暴的方式惩罚你们，是着眼于你们的终身发展，不要把老师的宽容当成无能为力。"儿子每次都赞同我对老师的分析，但明显没有落实到行动中，于是各种问题接踵而至，用"摁下葫芦起来瓢"来形容一点儿都不过分。整个高二上学期，基本上一月一次小错误，一学期一次大错误，有时候一个月还能来个"连环作案"，我俨然成了儿子的"消防队员"和"私人医生"，不断地跟在孩子后面灭火，马不停蹄地给孩子"把脉治病"。

上周因为晚上熄灯后宿舍小伙伴说话，被扣分；

这周因为早上起不来，没参加跑操，被批评；

下周因为晚自习吃东西，被通报；

……

儿子好像故意"坑爹"，让我把这几年学的那点家庭教育知识充分利用起来，一点儿都没浪费。临近年底，儿子又因为早上起床和早恋问题被叫家长。我腆着老脸，像个惯犯一样，主动提出"为了消除儿子在班里造成的负面影响，为了尽量减少对某位女同学的影响，我想带儿子回家反省"，并由衷地感谢老师能给孩子更多的耐心和改过机会。

在此之前，我已经有意无意地多次给孩子讲过早恋的问题了，例如：班花往往是班级里混得最惨淡的那位，因为她需要拿出大量的精力应付各种男同学的小纸条；怎样才算是健康的异性同学交往，什么样的异性交往"有毒"，等等。所以把儿子接回家后，我没有着急跟他谈心，而是给他准备了必需的午饭食材后，我和妻子照常上下班，像没有发生任何事情一样，并没有因为他的问题乱了生活节奏。

虽然儿子不用去上学了，但我们严格按照学校的作息时间生活。早上三人一块起床、一起用餐，晚上按时熄灯睡觉。唯一不同的是，每天的早晚两顿饭，没有原来儿子周末回来的时候丰盛了（午饭儿子自己凑合）。我告诉儿子，"这才是生活的真实面目，原来周末的高规格招待，是因为家人短暂的相聚而刻意为之。"

儿子埋头吃饭，一言不发。我知道这恰恰是他听进去的表现，于是暗自高兴。

儿子在家第一周的时间，虽然不如自己想象的那样过瘾和豪爽，但也因为没有受到我们的训斥与指责，过得还算轻松自在。星期天下午，看到儿子哼着小曲整理书包。

我问儿子："干啥呢？"

儿子："老师让在家反省一周，我明天就该上学去了。"

我不动声色，悄悄地用微信给老师交流，感觉儿子还没有反省彻底，希望能借老师之口告诉孩子必须继续在家反省。老师明白我的用意后，虽然觉得继续在家反省有点耽误学习，但在我反复强调"反省不好，回到教室里也会心不在焉"之后，同意了我的意见。

第二周明显感觉儿子话少了，经常一个人坐在书桌前发呆，看书、写作业的投入程度明显提高。

第二周的星期天，儿子有点坐卧不安，中午吃饭时，鼓起勇气问我：

"老爹，你问问老师，我啥时候可以去上学啊？"我拿出手机，一阵装模作样之后，假传圣旨：老师说你早读迟到和早恋问题，对班里同学产生的负面影响还没消除，建议不要返校。

儿子一听这话，立刻像霜打的茄子一样，无精打采。晚上睡觉时，我第一次听到了他唉声叹气。儿子啊，我何尝不是心急如焚啊，但如果不把问题彻底解决，你回到学校哪能安得下心来学习？

第三周的星期一早上，儿子是家里第一个起床的，看着他坐在书桌前背单词的背影，我强装镇静地说："儿子，别光学，一会儿累的话，可以去楼下公园逛逛，也可以去影院看场电影！"

晚上下班回到家，儿子非常认真地对我说："老爹，我知道问题出在哪里了，这个年龄段除了学习我啥也干不了，我会处理好和同学的关系，请你相信我。"

我表现得非常感动和深信不疑，说："儿子，我非常相信你，我这就跟老师联系。"

第二天一早我送儿子返回学校。事后，妻子埋怨我耽误孩子太多时间了，但我觉得这段时间耽误的值。联想到周围很多朋友和亲戚，每当孩子在学校犯错误受到惩戒时，家长总是着急忙慌地托关系、找门路，帮助孩子取消或减轻处罚，往往忽略了怎样引导孩子直面问题、总结教训，错失了帮助孩子成长的机会。

我曾经认真反思过，为什么儿子进入高中以后犯错的概率比同学高出很多？绕着圈地把所有坑都踩了一遍，最根本的原因是缺少规矩意识，没有养成遵守纪律的习惯。

　　儿子的幼儿园和小学都是跟着妈妈上的（妈妈是小学教师，有附属幼儿园），在最该培养好习惯和规矩意识的黄金阶段，却因为所有老师都对他睁只眼、闭只眼而错过。别的小朋友预备铃一响，急忙往教室跑，儿子却依然赖在妈妈办公室里；别的小同学准备上课的时候，他依然在操场上踱着方步。丢了东西，妈妈办公室有，忘带文具，老师帮着借。有时候，高年级的哥哥姐姐也会耐着性子陪这个小屁孩玩，因为他妈妈是六年级班主任。所以，儿子就像温水里的青蛙，把这种"特殊关照"认为是理所当然，慢慢地失去了尺寸感和边界意识。

　　进入初中，虽然孩子离开了妈妈所在的学校，但毕竟年龄还是偏小，老师只要"连哄带吓""软硬兼施"，管理这帮孩子也基本不会出现什么大问题。然而，进入高中以后，儿子进入快速成长期和青春期，成人感和独立意识越来越强烈，于是各种问题便集中爆发了。

　　万幸的是，随着家庭教育经验的不断积累，我应付儿子的各种突发状况也愈加游刃有余。我坚信儿子是一个心地善良、感情细腻的孩子，因为每次犯错误的时候，我都能读懂他心里的无奈，以及故作无所谓的掩饰。我忘不了儿子初中时，偷偷把同学不吃的配餐（苏打饼干）给我带回家，说我经常胃酸，吃这个好；我忘不了儿子上高中后，每次离家返校前，都会主动给我揉腿，因为我有两腿麻涨的老毛病。所以，当儿子遇到问题或犯错误时，我选择和儿子并肩战斗，一起成长。上周月考结束，儿子兴奋地打电话通知我，数学成绩全班第二，语文成绩级部170多名。

　　中国有句老话，叫作"船小好调头"。进入高中阶段后，孩子独立意识越来越强，他们渴望被尊重，但正处于青春期的他们免不了会犯错、会出现这样那样的问题，让家长们火冒三丈、心急如焚。这就需要家长艺术地对待孩子的错误，多给孩子些时间，给他们认识错误、改正错误的机会。成熟的家长应该牢记：错误，是每个孩子必须品尝的人生滋味，没有经历过错误淬炼的孩子，是经不起风吹雨打的。所以，当孩子出现错误时，家长既不能急于批评和惩罚孩子，也不能悄无声息地替孩子摆平了事，而是要静下心来等待，给孩子一个调头、改错和成长的机会，时间一长，孩子就一定能够成为你所希望的样子。

。

第八章

孩子不应过早寄宿

　　朋友聚会的时候，我经常被问到"哪所寄宿制学校比较好，家里想让孩子去住校"的问题，每每遇到这种问题，我都不由得苦笑一下，因为这不是一两句话就能说清楚的事。细品之下，你会发现很多家长在咨询这个问题的时候，其实心里基本做好了打算，所谓的咨询或打听，不过是为自己的决定寻求更多的心理安慰罢了。所以，针对比较熟悉的朋友，我会结合他们孩子的特点、家庭情况，耐心地帮助分析寄宿对孩子成长带来的利弊，总的指导原则——小学坚决不能寄宿；初中要视孩子综合情况而定，但尽量别住；高中鼓励寄宿，但距离学校较近的家庭和部分有特殊情况的家庭除外。面对不太熟悉的人的问询，我的回答多是"不太了解"，以免陷入无休止的纠缠，干净利索，利人利己。今天得闲，索性就把有关利弊得失写出来，以求一劳永逸，供更多的家庭参考。

　　首先声明，我个人并不排斥寄宿制学校的存在，但主张应该根据不同孩子的年龄和身心发展的需要，来决定是否寄宿。

　　近年来，随着国民经济的快速发展，在国家坚持教育兴国发展战略的有力推动下，一座座设施齐全、环境优美的新建学校拔地而起，我很是为生活在当下的娃儿们高兴。但当越来越多的社会资本注入学校建设中时，一些九年一贯制寄宿学校应运而生，这些学校除了硬件气派、名头国际化之外，还有个共同的特点，那就是：虽然是民办学校的血统，却有着公办学校的霸气，牛气哄哄，独霸一方。一时间，让很多不明就里的家长趋之若鹜。

　　学校是国家在确保安全的基础上，为孩子的学习、成长搭建的一个相对独立的环境和空间。同龄的孩子们在这个模拟社会中，一起学习、共同生活、结伴成长，分享相处的乐趣，交流心中的烦恼，有助于孩子健全人格的养成。

进入高中阶段的孩子，大多处于青春期的中后期，三年的高中生活"压力山大"，看不完的书、做不完的习题、背不完的公式定理，一眼望不到尽头，在这些孩子的生活里什么东西都不缺，却独独缺少了自己感兴趣的事。而真正支撑孩子们应对高强度、快节奏的学习压力的力量源泉，恰恰来自课堂之外，来自同伴的理解和支持，来自异性同学的认可与欣赏，来自各种社团活动宣泄之后的痛快淋漓。

有的家长说："等孩子考上大学住校，不也能锻炼孩子吗？"如果说高中是个"模拟社会"的话，大学就是真正意义上的"小社会"，到那时再培养孩子的相处之道，基本为时已晚。2018年，北大高才生王某12年不回家、拉黑父母6年的新闻，曾引发全网热议。在他写的万言自辩书中，有一句引人深思的话："如今，而立之年，我依然内心敏感，不善交际，犹如一个情感上的孤儿"。

至于初中的孩子到底能不能住校，则要因人而异，有的孩子性格活泼开朗，有较强的独立生活能力，家庭亲子关系良好，进入寄宿制学校能够更加专注于学习，这未尝不可。但具备这样生活能力和心智成熟度的孩子毕竟还是少数，绝大多数孩子进入初中阶段，身体发育和心理发育进入黄金期，有太多的成长秘密、心理困惑、青春期初级阶段的烦恼，以及由此衍生出来的负面情绪，需要有人能给予及时的帮助和引导，而这些问题不是本宿舍的小伙伴们逗个乐子、哈哈一笑就能解决的，也不是老师们多关心一下、多爱抚一点儿就能化解得了的。孩子心中的这些问题和情绪，只有在最亲、最近的人面前，才有可能流露和释放出来，父母无条件的、发自内心的疼爱，才是化解这些问题的良药。因此，再好的学校、再好的老师，永远代替不了父母的陪伴，更无法起到亲情滋养的作用。

至于小学阶段能否寄宿，就更不值得讨论了。2018年，济南市出台的《济南市中小学（幼儿园）家庭教育指导纲要（试行）》，对6-12岁儿童身心发展特点有着准确的描述："该阶段的儿童身高和体重处于比较迅速的发展阶段，外部器官有了较快发展，但感知能力还不够完善；儿童特有的天真和对成人的完全信赖，此时是形成家庭认同意识、建立牢固亲子链接、涵养性格品德的关键期。"此时让孩子过早地进入寄宿制学校，孩子的归属感、安全感，又从何谈起？

然而，现实生活中有太多的年轻家长在行使父母职责时，过于粗枝大叶，甚至是轻率，凭想当然的思维惯性，早早把孩子送到寄宿制学校，理由也是冠冕堂皇：我得挣钱养家；我是为了发展事业；我小的时候父母也是这样养我的，我不也混得挺好吗；希望孩子比我更好……每个理由看似无懈可击，相当"充分"，然而真的经得起推敲吗？

诚然，当代社会的快速发展，人们在享受丰富的物质生活的同时，也在承受日益加大的压力，任何不努力学习、不勤奋工作的人都会很快被淘汰。很多家长在夜以继日的忙碌中，逐渐变得浮躁、焦虑，邻居家又换豪车了，朋友家又换大房子了，闺蜜老公又升职加薪了，有越来越多的人被各种各样的欲望裹挟，踟蹰前行。比完硬件比软件，比完吃穿比服饰，比完对象比孩子，所谓成人的世界"幸福不过五分钟"，正是对跟风攀比现象最犀利的讽刺。

有些家长经常挂在嘴边上的一句话，"孩子是我的心肝宝贝，给我几百万、几千万，我都不换"，可转眼就被现实打脸，为了自己公司的那点业绩，为了个人发展莫须有的"抱负"，不顾孩子满脸的泪水和乞求的眼神，扔下一句"我是为你好"，就匆匆离去。在调研中不难发现，很多小学和初中阶段就寄宿的孩子，大都来自父母开公司、忙生意，离异或单亲等家庭。

"希望孩子比我更好"的言外之意，就是自己现在不够好。那么，按照正常的逻辑应该是谁的问题谁来解决，自己不够好，那就在做好自己应该做的基础上，付出更多的努力，为什么强行让孩子做出牺牲呢？试想一下，等你风烛残年的时候，孩子对你说："我要忙事业，让保姆照顾你就行，别老说想我了。"这种意义上的"寄宿制"，又会让多少老人有着说不尽的苦楚呢？

据数据显示，目前中小学生心理健康问题不容乐观，且低龄化现象日趋明显。家庭教育最大的悲哀，莫过于父母用尽全力、竭尽所能，却做了一件原本不需要、不应该做的事情。

当孩子抑郁、自闭倾向越来越低龄化，当孩子自残、轻生现象越来越严重，当啃老、巨婴一族越来越多时，当我们惊呼"现在的孩子到底怎么了"的时候，有谁想过：这些孩子都经历了什么？是什么原因让他们从一张白纸，变得如此不堪重负！

长期从事青少年心理问题研究的李玫瑾教授一针见血地道出了这背后隐藏的深层原因："孩子的自私、冷漠、残忍，都是过早地经受了孤独与寂寞的煎熬所致。"环视周边的朋友，很多成年人明明单位的工作不是很忙，也要找各种借口外出，究其根源：也是童年缺少陪伴，缺乏共情能力，内心深处有着伤痂，只关注自我感受而已。

　　我们与其说"上辈子欠孩子的，他这辈子是来讨债的"，不如说"孩子是来帮助父母，让父母的人生变得更加成熟和完美的"。因为科学、健康的亲子关系就是相互成全、相互成就。智慧的父母，应该懂得放下对孩子的执念，欣赏和享受与孩子在一起的有限时光，相互滋养，共同成长，这才是家庭教育的核心价值，也是父母能为孩子做的最好投资。

第九章

。

学习真是你自己的事儿

随着寒假的来临，儿子的高二上学期总算在磕磕绊绊中结束了。接他回家的路上，儿子思忖良久，一字一句地说："老爹，我这一学期经历的事太多了，让你和老妈费心了，只是我觉悟得有点晚，前面落下的功课有点多，虽然拼了二十来天，但可能成绩进步不太大。"阿弥陀佛，我隐隐约约地感觉到，今年我家应该能过个好年。

"没事，儿子，你这一段时间的努力，我和妈妈、老师都看在眼里了。要说不在乎成绩是假的，但和分数相比，我们更在意你的学习态度，你现在就是堪比黄金的'回头浪子'啊，我们为你骄傲。"我真诚的话语，让儿子显得更加平静。

寒假第二天成绩出来了，儿子由班级倒数晋升到中游水平，我调侃道："儿子，咱这是触底反弹啊。"儿子笑而不语，"这就像前几年对比中美两国GDP的增长一样，中国每年百分之八九的增长率远超美国，但并不代表我国比美国牛，只能证明我们以前的欠账太多了。"

正常假期开始后，儿子明显比以往稳当许多，上网课神情也专注了，手机基本上处于关机状态，每天晚饭后才玩一会儿，其他时间基本都扔在客厅里，让我一度怀疑儿子又偷配了手机，授意妻子借整理卫生之际，里里外外、犄角旮旯搜查一遍，确认警报解除后，我们才安下心来。我们家里有一个好传统——孩子从小到大，不论睡觉还是学习从来不关自己房间的门，当然，我和妻子也从来没有假借端水、送水果之名，搞过突击检查，凡事都是喊他出来商量。良好的信任与适当的尊重，让家里的氛围更加和睦舒服。

一天晚上我应酬回来，儿子看我有些酒意，就把自己喜欢喝的半瓶可乐让给我喝，由此展开了一段洞察人生的对话。

父：儿子，你今年真的长大了，比以前懂事多了。

子：老爹，继续夸，不要停。

父：最明显的变化，你现在能听得进去建议和批评了，原先稍不如意，你立马不高兴，现在你能接受商量了。

子：老爹，难道我郎当脸就能管用？

父：所以啊，我就说你长大了，知道不管用就不甩脸了。

子：呵呵，我太难了。

父：知难而上才能证明你的价值啊，如果你天天衣来伸手饭来张口，那你在家里的价值接近于零。

子：嗯，我政治老师说过"包租婆"是创造不出价值来的。

……

子：主要是我忽然明白了一个道理，一个人活在这个世界上，除了学习这件事自己能说了算之外，其他任何事都由不得自己。如果我想学习，就时时处处都能学，哪怕是不去学校也能学；如果我不想学，你即使给我找个清华大学教授辅导我，拿棍子逼着我，都不会有用的。

父：那也不一定吧，比如说人的生命难道不是自己说了算？

子：先不说那些生病去世的人，每年交通意外死亡的人就很多，开车走在高速路上，谁也不敢说绝对不会出意外。

父：那个人财产呢，这可是神圣不可侵犯的，比如咱家房子我不同意，谁也要不走。

子：哈哈，你听说过"强拆"的故事吗？

父：那……那忠贞不渝的爱情呢，你也听说过"强扭的瓜不甜"吧。

子：老爹，别闹了行吗，都已经是过去的事了。

看着儿子转身离去的背影，我感觉这家伙可能要开挂，并且暗自庆幸孩子觉悟得还不算晚，真到高三再觉悟，他可能要用一生来品味少年迷茫带来的苦楚。尽管他不可能成为班里的尖子，甚至一年半后也考不上名牌大学，但我感觉儿子这种参悟人生、反思自己的能力，足以让他从容应对今后的一切风雨。

"行不言之教"是流传千年的教育之道，虽然道理大家都懂，但一遇到问题，很多家长就习惯性地给孩子讲道理，以此证明大人是对的，孩子是错的。把"讲道理"当成教育，几乎成了家长们的通病。

就拿学习这件事来说，很多家长都是根据自己的生活经验做出判断：只有好好学习，考上好大学，才能找到好工作，过上好日子。这一思维定式，对我们这些七八十年代出生的人有用，而对于富裕年代出生的孩子毫无意义，"好好学习"和"好日子"之间没有必然联系。很多孩子还未成年，名下已经坐拥好几套房子，随意地享受着锦衣玉食的生活，有些大学生、研究生却要为个斗米营生参加一轮又一轮的竞聘。残酷的现实和硬邦邦的案例就发生在眼前，又怎么让孩子相信家长画出的那张"大饼"呢？

也有些家长在孩子出现厌学情绪时，没有耐心地了解清楚问题的根源，是和同学有矛盾，还是与老师沟通不畅，就一味地批评、催促、哄吓，生怕耽误孩子更多的学业，结果适得其反。

思想家卢梭说过："讲道理、发脾气、刻意感动，这三种教育方式对孩子都是有害无益的。"现实中很多家长却把这三种教育方式运用得非常娴熟，遇到孩子出现问题，就义正言辞地说一通大道理，好像自己小时候从来没有犯过类似错误，看到孩子根本没有听进去时，又气急败坏，讽刺挖苦全部用上，甚至动手打骂。还有的家长在发现说教不管用时，也会上演一下"苦情戏"，痛说养育孩子的不易，刻意让孩子"感动"，殊不知，产生的效果转瞬即逝。

那么，在这个衣食无忧的富裕年代，应该如何引导孩子的学习呢？

首先应该学会尊重每个孩子的独特性。秉持"天生我材必有用"的信念，相信基因遗传的强大力量，是匹千里良驹，家长可以适当给予一些压力；是只温和的羔羊，就要尽可能地提供一些庇佑。切不可反其道行之，让良驹囿于栏圈，让羔羊经受磨难，让生性活泼好动的孩子困于书桌之前。

其次，要注重培养孩子的家庭责任感。很多家长在养育孩子的过程中，往往只注意给予孩子什么，而不在意向孩子要些什么，导致孩子慢慢养成自私、任性的毛病。引导孩子关爱家人，懂得维系家庭幸福是每个成员的责任，让孩子知道自己好好学习，就是对家庭负责任的表现，这也是帮助孩子克服学习时"三分钟热度"的有效方法。

最后，要给孩子更多尝试的机会。对比国内外家庭教育理念时，我偶然发现在培养孩子兴趣方面有两种截然不同的做法。中国的父母习惯于逼一逼孩子，认为逼一逼孩子，就可能有兴趣了；而国外发达国家的家长却习惯于让孩子试一试，认为试一试，就能找到孩子的兴趣了。所以，在国外有很多孩子中途休学，然后周游世界的例子屡见不鲜。让孩子有机会在实践中获得连续不断的经验教训，亲身感悟某件事情的对与错，才能知道自己真正需要的是什么，才能明白学习真的是自己的事情。

教育是门艺术，讲究的是适当和巧妙，一味地要求孩子按照家长的规划成长、学习、生活，是思维懒惰和不用心的表现。爱孩子，就试着从改变自己做起，变通一下，效果可能会好得多。

第十章

。

学会拒绝一些事

2021年寒假已经结束，这个假期我们三口相互尊重、其乐融融，儿子在开学兴奋的心情中，又掺杂了一点儿恋恋不舍。以至于妻子这几天在帮孩子整理住校所需的生活用品时，不停地唠叨，早上不要赖床，要按时吃早饭，上课不要打瞌睡，要多喝白开水，不能用凉水洗头等，听得我都有点烦了，可儿子居然一脸顺从的样子，从这屋跟到那屋，好像都听进去了。

哈哈，生活就是这么神奇！

开学前的头一天晚上，晚饭后我是雷打不动的看新闻，儿子在自己房间整理东西。广告间隙，儿子走过来问："老爹，需要给你踩踩腿吗？"（我多年的老毛病，小腿肚子经常酸胀，儿子从小帮我踩腿，相当于按摩了。）我说："不用了。"

看完新闻后，儿子又凑到我身边问："老爹，你没有要嘱咐我的话吗？"我说："你妈都说全了，我就不啰唆了。"儿子若有所失地回房间休息去了。晚上躺在床上睡不着，我忽然有点小后悔，觉得应该给孩子说点什么才对。

第二天送孩子返校的路上，我用这难得的亲子时光，跟孩子聊了起来。

父："儿子，今年这个寒假咱家之所以过得这么温馨、和谐、安逸，主要功劳在你身上啊。"

子："怎么呢？"

父："因为你变得懂事了，按时起床，认真上网课，很少动手机，还能帮家长做些力所能及的家务活，让我和妈妈非常省心，少了很多焦虑，所以才能过个好年啊。"

子："哈哈，我还有这么大的作用吗？"

　　父："有啊，咱们三个各司其职，各自做好自己应该做的事情，这个家就会越来越好。所以，你要记住：一个家庭能否过得幸福，不光是父母的事情，孩子也能发挥很大的作用啊。"

　　……

　　"至于昨晚你问我有什么要嘱咐你的话，我想了一个晚上，就给你提一条建议，整个高二下学期，希望你能学会对一些事情说'不'！"

　　"譬如同学叫你一起去打球，女同学邀请你去操场散步，面对同学递过来的饮料……希望你能有意识地学会拒绝。球不是不能打，但一定是你想打所以才去，而不是因为同学叫你才去打；异性同学可以交往，但不要成为别人负面情绪的收纳桶，甚至让自己纠缠其中；饮料可以适当喝，想喝主动去买，不能沾同学小便宜。明年这个时候，你就满18周岁了，我真心地希望在此之前，你能逐步地培养起自己独立思考的习惯，学会按照自己的时间安排，有条不紊地生活，活出自己的生活节奏、学习节奏。"

　　"整个寒假期间，只要家里来了客人，我们都半开玩笑地邀请你喝酒、吸烟，都被你微笑着拒绝了，其实我和妈妈看在眼里，喜在心里。有一次妈妈不在家的时候，我拿出烟让你吸，教给你怎么吸'跑烟'，怎么弹烟灰，其实，并不是老爸我多么开放、另类，更没有放任、放纵你的意思，我只是想在这一推一让之间，让你学会如何拒绝同学的'好意'，如何远离同学之间的比强斗狠。"

　　做家庭教育工作久了，接触到太多令人痛心的案例。仅仅因为同学的一句玩笑话："你不吸烟，就是娘们""不敢赴约，就是窝囊废""不敢喝这瓶不知名的饮料，就是孬种"……很多懵懂少年往往都是从这个时候误入歧途。在针对大量失足少年的调查中发现，最初他们沾染不良嗜好的主要原因有两个：一是同伴的怂恿、激将；二是认为尝试一下不会有多大害处的侥幸心理。

所以，我希望你能在高二下学期这一阶段学会保护好自己，尽量远离各种不良习气的侵扰。高二下学期就像长跑的后半程一样，是分层次、分梯队的关键阶段，咬着牙跟上第一梯队，最次也是个中上游；分一下神，松一口气，进入第二梯队，再努力也是个中游水平。

因此，在这个时候希望你能尽量地排除一些干扰，学会委婉拒绝一些分散精力的事情，以此远离各种误会、是非、矛盾的纠缠，这将会成为你成长道路上的神来之笔。而委婉拒绝的理由可以是多种多样的，它可以是一句"你们先去，我忙完这一点儿"，可以是"对不起，老师（或者某某）叫我有事"，还可以是"好的，但我得先去趟厕所"，等等，这些理由看似普通，却足可以使你远离祸端。当然，如果你有了婉拒的念头，推辞的理由就远不止这些，就怕你压根就没有拒绝的意识。

人生在世，很多时候我们会对自己想做的事情感到无能为力、无法掌控，但我们永远可以对自己不想做的事情say no，拒绝盲从跟风，不要随波逐流，一些事情在付诸行动之前，多问一下自己"这真的是我想做的吗？""这样做会有什么后果？"知晓利害，学会进退，才能让你为自己的青春做主，才会让你的人生散发不一样的光彩。

第十一章 。

养育孩子是门艺术

谈话的艺术 ／ 鼓励的艺术 ／ 陪伴的艺术

寒假开学两周后，儿子破天荒地拿回一张奖状，因为高二上学期学习进步明显，荣获"进步之星"奖，激动得老夫我虎躯一震，又多喝了二两。我端详着奖状，由衷地鼓励孩子说："再加把劲，咱就能上济南大学了！"这张来之不易的奖状，既是对孩子走出迷茫、回归征途、努力学习的肯定，也是对我近年来始终坚持"不看学习成绩，只看学习态度，着眼孩子一生培养"的安慰。我家的育子理念虽然不怎么高大上，却能真实地映照出父子之间的相互理解，夫妻间的默契，以及家庭成员彼此的包容。

周六中午我给家人做好饭后，外出参加朋友聚会，下午三点多回到家里，已有几分醉态。当妻子嗔怪我胡喝八喝时，儿子跑出房间劝妈妈："我爹也是身不由己，你就不要再嘟囔他了。"然后又给我倒了杯水，看着我喝下才转身回屋。我躺在床上假寐，心里乐开了花，孩子懂事了，倍感欣慰！

很多家长在孩子进入青少年时期以后，都会产生一种困惑，认为孩子不希望被家长打扰，更不愿被管制，一管就蹦，索性眼不见心不烦，懒得去管。殊不知家长的这种"鸵鸟思维"后患无穷。时间长了，家长发现孩子玩游戏、虚拟聊天或有其他不良癖好时，基本为时已晚，孩子已经有了一定程度的"瘾"。

因此，进入青春期或者逆反期的孩子恰恰最需要父母的帮助和引导，只不过这种帮助引导需要一些技巧和艺术。

| 谈话的艺术 |

俗话说得好，"儿大、女大三分客（kei）"，孩子进入青春期后，内心会变得非常敏感，稍不留意就有可能触及他们那颗脆弱的"玻璃心"。

所以跟青春期的孩子谈话要讲究艺术，这需要提前打好腹稿。我今天要给孩子谈什么，为什么谈这个话题，我的观点和依据是什么，如果孩子不听该怎么处理等，因为是提前有所准备，所以家长在谈话的过程中，就会语气平和、逻辑清晰、态度诚恳，也就越容易被孩子接受。

例如，孩子赖床，大多数父母会不停地催促，孩子就会非常反感，认为自己受到冒犯，甚至觉得没有人身自由。如果我们懂些说话的艺术，提前打好腹稿，我们可以这样说："我之所以催你起床，是觉得你同学的'一上午'是四个小时，而你的'一上午'却只有一两个小时，这对你不大公平。"

"这回咱们定个作息时间，我觉得你按时起床，吃完早餐再睡个回笼觉，都比饿着肚子睡觉强。"

这样的话语要比"都多大了，还赖床，不嫌丢人啊""快点起来，懒虫，一点儿不让人省心"，效果要好很多。当然，如果夫妻能够相互配合，跟孩子一起谈话，效果也会更佳。

┃ 鼓励的艺术 ┃

我这里说的鼓励不等于表扬，很多人会把鼓励和表扬混为一谈，虽然二者都有激励他人积极进取的意味，但表扬就像糖果，太多太直白了就会让人发腻，让孩子对"自我价值"失去正确定位，甚至会出现自我膨胀。而我要说的鼓励，更接近于积极暗示。

经历过中考的洗礼，每个迈入高中门槛的孩子都踌躇满志，准备大展风采，然而，面对高强度、快节奏、大容量的高中学习，不是每个孩子都有能力从容应对的，虽然有的孩子一直在暗自加油，但成绩始终不尽如人意。他们一方面要在大人面前故作轻松，小心翼翼地呵护着自尊；另一方面则要面对高中学习的无助感、无力感，这让很多孩子深陷困惑之中。此时父母及时的鼓励和积极的暗示，就如同黑暗中微弱的光亮，虽然不甚明亮，却足以引导孩子走出迷茫。

"不看学习成绩，只看学习态度，着眼孩子一生培养"，虽然只有二十个字，但要把这句话变现，父母需要有一颗从容淡定的心，不被社会的浮躁习气所裹挟，不随波逐流，更不攀比；需要有一颗细腻敏感的心，能够敏锐感受到孩子的反应和需求，不轻率敷衍，更不偷懒；需要有一颗清醒豁达的心，懂得成全孩子，不把自己的好恶强加给孩子。

每当孩子出现问题时，我们应该从本质上肯定孩子是善良的、是无意的，然后把他的这次错误归结为暂时现象，并且把这个暂时现象归因于周围环境，让孩子少些自责，多些感恩。父母这种诚恳的积极暗示，会让孩子感受到尊重与力量，这才是刺激孩子不断前行的动力，温和而持久。

| 陪伴的艺术 |

高中阶段住校可以让孩子在这个"模拟社会"中学会独立、学会交往，但在学习和成长中遇到困难的时候，孩子内心仍然依赖父母的帮助和指引。特别是住校的孩子，更渴望家长能及时回应他们的陪伴需求。

然而，有一部分家长却想当然地认为，孩子住校了，终于可以轻快一下了，甚至有些家长因为孩子中途回来心生气恼（原本住校是两周回家一次，如果学校承接考试任务，就每周回家一次），完全没有顾及孩子的内心需求，没有觉察到孩子的焦虑、无助的负面情绪。时间愈久，孩子就会逐渐变成那个"熟悉的陌生人"。

而陪伴的艺术不外乎两点：一是要有足够的耐心倾听孩子的诉说。好的陪伴是从倾听开始的，只有家长认真倾听孩子的诉说，孩子才会有被重视、被关注的感觉，继而才能让压力和负面情绪得到缓解。孩子一打电话倾诉，就换来父母一通批评、说教的做法非常不可取。

"别管那些闲事儿，管好你自己就行"；

"净说没用的，多看会儿书"；

"你要照顾好自己，让大人省点心。"

家长顺嘴说出的这些话，会让孩子到嘴边的话又咽回去，不再表达，做一个"懂事"的孩子。父母会因此失去一次了解孩子的机会。

二是主动创造陪伴的机会。珍惜每一次接孩子回家、送孩子返校的机会，积极创造中途探望的机会，都会成为保护孩子不跑偏、不走弯路的"加油站"。孩子上高中一年半了，我惊喜地发现，每次接送孩子放学、上学的这段时间都是沟通的最好良机。接他的时候，因为两周没有见面，彼此想念，此时说什么事都非常好沟通；送他的时候，因为又要短暂离别，恋恋不舍，这时候讲什么道理都容易被接受。如果条件允许，父母一同接送，更会让孩子感受到被尊重的浓浓爱意，这也是激发孩子不断进取的源源动力。

现实生活中，无论孩子住校与否，不管离家远近，父母只有懂得孩子在想什么、需要什么，并悄无声息地参与孩子的成长中去，才是陪伴的艺术。

生活即是教育，生活也是修行，尤其是为人父母更应该时时观照自己，是否称职，是否用心，是否尽力。当生活中有越来越多的啃老族、巨婴、自闭症、自杀者、弑母者出现，人们在口诛笔伐这些人的时候，也应该想一想他们"可怜"的父母，在孩子幼小的年纪都做了什么？没做什么？

"幸福的家庭，其原因总是相似的；不幸的家庭，却各有各的不幸。"一句话道尽了家庭教育的百态千姿。

第十二章

。

一个不得不说的话题

帮孩子构筑『防火墙』 ／ 男女有别的性教育 ／ 灵活多样的性教育

儿子生性善良，在我看似漫不经心、实则非常敏锐的父爱滋养下，孩子受到的"污染"相对较少。在孩子进入青春期之后，我一直想找个机会给他普及一下生理卫生知识，上个周末机会悄然而至。晚饭后和儿子闲聊，傻小子忽然冒出一句："老爹，以后我结婚，你是希望我有个男孩，还是有个女孩？"

我刚喝到嘴里的水立刻喷薄而出，手忙脚乱地拿纸巾擦拭，故作镇静地掩饰之后，我说："都行，都喜欢。"儿子盯着我看了一会儿，没再说话，我反问道："你想生个男孩还是女孩？"儿子回答："我还没想好。"

我知道进行性教育的时机来了，我要跟儿子进行一场男人之间的对话。

高中阶段是孩子青春期的中后期，在这两三年的时间里，孩子的身体进入快速发育的黄金期，原先喜欢跟在父母屁股后面的萌娃、迷妹，仿佛一夜之间变成了大小伙、大姑娘，以前需要蹲下身子说话的孩子，好像忽然比妈妈还高出一头。此时的孩子也是一生中性意识最活跃的阶段，此时不对孩子进行恰当地引导、教育，网络视频、黄色书刊就会乘虚而入。在强烈好奇心和生理冲动的驱使下，加上高中学习的持续压力，很多孩子会为自己找一个倾泻的出口，手淫、草率地尝试性行为，甚至出现意外怀孕等危害青少年身心健康的事情，也就在所难免了。

很多家长面对突然长大的孩子，忽视了必要的性教育，感觉非常尴尬，甚至避而不谈，对孩子的早恋倾向更是如临大敌，谈虎色变，俨然忘记了自己也曾有过悸动的青春，也曾有过和异性相处的渴望和愉悦，让孩子本应充满好奇与回忆的青春，变得一片空白，这也是很多中学生觉得活着没有意义的原因之一。

| 帮孩子构筑"防火墙" |

　　一般来讲，孩子青春期出现早恋和性行为的原因，很大程度来自家庭教育的性别缺失。如果一个家庭中爸爸因为忙于生计，很少顾家，那么女儿产生早恋的概率就较大，看到阳刚、帅气的男生，容易怦然心动；如果家中妈妈忙于工作，给予孩子慈爱不够时，那么儿子出现早恋等问题的概率也会更高，看到温柔、娇羞的女生，荷尔蒙瞬间飙升也是正常反应。反之亦然，当父亲足够幽默、开明的时候，女儿会以此为参照，一般男生难以走进她的心田；当妈妈足够温和贤淑时，儿子也会以此为标准，一般的女生难以进入他的法眼。

　　当然，在青春期还有寻找寄托的逃避心理、异性相吸的愉悦心理、寻求刺激的好奇心理、不成熟的跟风攀比心理等因素，都会让孩子陷入青春期的泥潭。

　　当恋爱悄然发生时，作为家长应该为孩子划好异性交往的原则和底线。首先要肯定"喜欢与异性交往"，是正常的成长需要，支持孩子大方、平等、得体的异性交往，但尽量不要与异性单独相处。

　　要告诉男孩：当你还没有做好随时都能辍学回家的心理准备时，请不要有过火行为；当你没有勇气找工作养家时，请不要有过火行为；一个轻易同意跟你开房的女生，不值得你用一生来呵护。

　　要告诉女孩：当你自己都不爱惜自己的身体和名誉时，别人更不在乎，因为打折售出的商品，不会有人爱惜；当你没有打算和一个男人发生关系时，请不要跟他外出过夜、旅行；一个只想约你上床的男生，不值得你托付终身。

男女有别的性教育

高中阶段对异性同学产生好奇和爱慕，是孩子身心发展的必然规律，是再正常不过的事了，如果没有这种意识或者念头，那才是家长应该担心的事情。哪个少男不钟情，哪个少女不怀春！重要的是父母必须在关键的节点，给予及时、自然的引导和帮助。让孩子知道在父母这里，性不是一个禁忌的话题。

具体来说，男孩的性教育应由自己父亲来完成，教育方式可以单刀直入，告诉孩子：青春期的性冲动、梦遗、手淫都是正常的生理现象，能够缓解紧张的情绪和压力，但要学会管理自己的性冲动，不能沉迷于此，要学会通过体育活动分散自己的注意力，用好的影视作品培养自己更为高雅的情趣。

女孩的性教育最好能由母亲来完成，教育的方式要更委婉一些，告诉孩子：怎样才算更好地爱护自己，月经来临时，要更加注重营养与卫生，鼓励孩子树立正确的性价值观，教会孩子把控好与异性交往的尺度和底线。不贪嘴、不占小便宜，是远离骚扰和伤害的前提。

灵活多样的性教育

随着社会的进步，越来越多的家长意识到对青春期孩子进行性教育的重要性，但往往因为家长本人也没有接受过专业的性教育，所以不知道该如何引导孩子。

其实，家长给孩子普及一些性知识、性常识，远没有大家想象的那样火辣生猛，中国人特有的含蓄此时将发挥重要作用，"点到为止"是父母对孩子进行性教育的主要方式。巧妙利用生活中的每一个契机，比如一个热恋的电视画面、一对路边相拥的恋人、一篇描述情感的文章，都是可以利用的教育时机。除此之外，教育的方式也可以根据家长的个人素养而定，文笔好的家长，可以采用写信的方式，把孩子可能遇到的困惑、应该注意的小常识，以及父母的美好期许写进去，篇幅不用太长，让孩子感受到父母对自己的尊重、理解和信任。文笔不好的家长，可以在家中书橱里放置性教育的书籍，让孩子在不经意间接触正确的性知识。

当孩子在青春期遇到困难时，一般羞于向大人求助，此时父母如果能及时提供看似无心、实则有意的引导、帮助，营造出一个开明、宽松的家庭氛围，当孩子感受到理解、尊重和信任后，一般不会再去寻求异性伙伴的依附和慰藉，能够轻松走出青春期的困惑。

现实生活中充斥着物欲横流、享乐至上的浮躁习气，有的女孩子因为虚荣和攀比，仅仅因为一部手机、一盒化妆品，就出卖自己的身体；有的男孩子因为长期的性压抑，没有得到科学的性教育，铤而走险，走上犯罪的道路。我们在为这些花季少年扼腕叹息的时候，是否考虑到家庭性教育的缺失？

有些家长简单地以为，这是件"无师自通"的事情，自己就是这么走过来的，完全忽视了当下的孩子唾手可得的海量信息、虚幻的网络，以及真假难辨的宣传广告，对孩子产生的诱惑和不良影响。作为合格的家长要与时俱进，改变观念，主动成为孩子性教育的第一责任人，不能存有"你不关注它，它就不存在"的侥幸心理。父母要善于利用生活中的场景、影视中的画面，及时引导孩子树立正确的性道德观念，从而为成年后的爱情和生活做好铺垫，为拥有幸福的家庭和人生打好基础。

○

第十三章

好习惯会让你走得更远

与成绩相比，更在乎你的学习态度 ／ 好习惯，才能让人走得更远

　　清明节放假三天，儿子回来告诉我们一个惊人的好消息：这次月考，语文和数学全班第一，英语全班第六，这真是让我喜出望外，有点措手不及。好消息来得太突然了，我一时间竟找不到合适的词语来表达既想祝贺，又想鼓励，还想叮嘱不要骄傲等错综复杂的心情。

　　做晚饭的时候，我在厨房里表现得有点手忙脚乱，不知道是该先切菜好，还是先炖肉好，有失大厨的风范。尽管知道最近一段时间熊孩子的状态挺好，但仍然没想到会有这么给力的表现，这更加坚定了我此前努力践行的家庭教育理念："多给孩子些时间，不用父母的经验代替孩子的成长；孩子学习的动力来自课堂之外。"

　　然而，三天的假期生活，一种奇怪，甚至有点别扭的感觉在心头淤积。一开始，我并未在意，直到假期的最后半天我确定问题的根源所在：我家熊孩子获得阶段性的"小胜利"后——飘了！

　　回想儿子这几天的表现，"临床症状"与我的判断基本吻合。首先是起床问题。连续三天，每天早上赖床到九点、十点，第一天我还把它归结为是补觉，第二天仍是如此归因，直到中午饭后该睡午觉了，孩子说不困，坐在桌前写作业时，我才嗅出他这是要任性一回、放松一把的节奏。

　　其次是发型问题。以前周末回家，孩子总是主动理理发、洗洗澡，把自己收拾得利利索索，因为他觉得为了这些小问题挨批有点得不偿失。但这次不同于以往，我和妻子先后建议他"是不是该理头发了"，都被儿子含含糊糊地拒绝了。我将此理解为"孩子成绩上来了，更加注意自己的形象了"，这是情理之中的表现，无可厚非。但一想到这两天和孩子聊天，没有了以往那种和谐、轻松的感觉，他总是三言两语结束谈话，匆匆回到自己房间，我才知道事情并没有想象得那么简单。

　　中午吃过午饭，孩子就忙着收拾东西准备返校，我也开始酝酿思路该给孩子谈什么？怎么谈？如果还是坐在家里心平气和地谈，没聊几句他转身离开，岂不尴尬？

　　当天下午，我和妻子照例驾车送儿子返校，按照事先设定的路线，我把车停在一个相对安静的地方，开聊。

　　父：儿子，这三天的假期生活，我怎么感觉你和以前有点不一样了呢，你自己感觉到变化了吗？

　　子：没有。

　　父：我和妈妈都觉得你这次回来，忽然变得难以沟通了，怎么回事？

　　子：反正我没感觉。

　　眼看着天就要被聊死了，平时从来不插话的妻子，忽然冒起"仙气"来，也许是车里空间狭小，没法再做"透明人"的缘故吧。她说："你爷俩争论，我哪边都不站，我只讲自己看到的事实，这几天你爹跟你谈心、开玩笑，你确实表现得很不耐烦啊。"

　　子："我哪有啊！"

　　母："比如说上周五接你之前，专门嘱咐你天气变暖了，穿不着的棉衣要带回来，结果你没带。今天上午你爹跟你开玩笑，问你是借给同学穿了，还是弄丢了？你就回答了四个字'你想多了'，你说噎不噎人？看着你爹强压怒火地下楼散步，我都有点心疼了。"

　　话不在多少，听进去就好；声不在高低，管用就好。妻子的一通摆事实，不但让我满肚子要说的话，跑得无影无踪，也让儿子像败下阵的小公鸡一样，没了前几天的硬气。

家人之间哪有什么对错之分？更何况我压根没有要跟儿子分出胜负的意思，所有的迂回婉转和旁敲侧击，都是想告诉他：跟学习成绩相比，我们更在乎的是他的学习态度；高中后半段的学习非常辛苦，只有良好的习惯才能支撑一个人走得更远、更久。

| 与成绩相比，更在乎你的学习态度 |

天底下所有的父母都希望自己的孩子好，只不过"好"的侧重点不一样，有的家长认为"只有学习好，才是真的好"，而我深知学习与孩子一生的任务相比，学习所占比重非常有限，虽然知识的积累起着奠基作用，但并不能成为决定孩子一生成就的唯一因素。

有些家长和孩子相伴一生，只把孩子当成了孩子，从孩子上学第一天起，到高中毕业（考上大学），一直都在教孩子怎么做一个乖孩子、懂事的孩子，怎么做一个爱学习的好孩子。个别家长甚至只抓孩子学习，不计其余。等到孩子上大学后，才发现孩子不会和同学交往，不会和导师沟通；进入社会后，不懂团队协作，不能经受挫折，彻底成为高分低能、巨婴、啃老一族时，已经无力回天了。当我们对招聘会上替孩子求职的年迈父母报以同情时，对庙会上替孩子征婚的耄耋老人报以怜悯时，有谁想过他们孩子本该色彩斑斓的童年和青春都去哪儿了？

家庭教育中有一条基本理念，"孩子身上所有的问题，都能在父母身上找到病根。"快乐的童年时期，当孩子对周围事物充满好奇的时候，是家长不耐烦的神情，一句句"你哪来这么多为什么啊"，把孩子的好奇心冷却、扼杀了；懵懂的青春期，当孩子鼓起勇气，尝试着对身边事物进行探索时，是父母焦虑的眼神，一句句"别做那些和学习无关的事情"，让孩子本应充满苦辣酸甜的青春期，变得苍白乏味。"要听话""要做乖孩子""让我省省心吧""尽做些没用的"……成了父母每天使用频率最高的词汇。殊不知，在父母眼中那些对学习没用的事，才是孩子成长的兴趣所在，是孩子自己的人生寄托。等孩子长大后，家长们在叹息孩子懦弱、缺乏勇气和闯劲的时候，是否反思过：是谁亲手剪下了孩子腾飞的翅膀！

我在陪伴孩子成长的过程中，之所以把孩子对待学习的态度放在成绩之上，是想引导他树立这样一种意识：一个不知道为什么学习的人，成绩越好，越容易在今后的成长过程中迷失自我；只有学习态度端正，知道自己为什么学习的人，哪怕成绩不甚理想，也会无愧于自己的人生。

作为家庭教育工作者，我对"生活即是教育"，有着深入透彻的认知和理解，我知道不论是孩子的学习兴趣、学习习惯，还是学习态度、意志品质等，都需要从生活中培养，离开了真实的生活，孩子的成长就会变成无根之木。所以，我非常注意自己的言行，希望通过自己对待事情的态度，来影响儿子，希望他能借此学会怎样对待学习，怎样对待工作，怎样做一个负责任的男人。

好习惯，才能让人走得更远

进入高二下学期以后，繁重的学习任务会让高中后半段的生活变得更加辛苦。但现实中有很多人把吃苦理解得太狭隘了，认为整天坐在教室里，风吹不着雨淋不着，好吃好喝，有啥苦可言。过去因为贫穷，物质缺乏，很多人生存艰难，但那不是吃苦，真正的吃苦是长时间执着于做一件事，以及为了专注于做这一件事，放弃很多娱乐生活，忍受孤独。从这个角度来说，学习是一件非常辛苦的事情！

如果说，此前的学习靠死记硬背还能应付的话，那么，此后高强度的学习压力则需要依靠好的生活习惯做支撑，才能让孩子走得更远、更长久。我所谓的好习惯并不是指爱读书、爱钻研、爱探究等"高不可攀"的行为，因为它们只属于极少数天赋异禀的人；我所说的好习惯是与生活息息相关，甚至有可能被孩子们所忽视的行为。例如：早睡早起、按时吃早餐、准时午休等，这些看似不起眼的生活习惯，恰恰是高中学生保持良好精神状态和充沛精力的最有效的方法。每天早起半小时，会让孩子体味到"日拱一卒"的乐趣；按时吃早餐，是保证孩子一上午状态良好的前提；准时午休，又是孩子一下午精力充沛的重要保障。反之，则会让孩子进入一种"假努力"的状态，看似每天忙忙碌碌，但干的都是一些拆了东墙补西墙的事情，永远都是在补上一节课的课业，最终形成一个无解的死循环。

这就是为什么很多经验丰富的老师临放假之前，反复叮嘱学生假期要保持学习节奏的原因，其本意就是希望孩子能用良好的生活习惯做支撑，确保自己的假期学习不松懈、不掉队。儿子三天假期，睡了三天懒觉，其实也没什么大不了，但到了该睡午觉的时候又不睡了，让我想起恶性循环的可怕，所以就有了想谈谈好习惯和坏习惯的念头。一些看似微不足道好习惯，就像房檐上水珠，时间长了，一样能击败石头；一些无关痛痒的坏习惯，就像落进鞋中的一粒沙子，走路久了，就会变成绊脚石。所以，习惯从某种程度上也决定着命运。

叶圣陶先生说："教育就是培养习惯。"当一个人养成了好习惯，其行为就会具有自觉性，并内化成一种根深蒂固的高尚品格，这种品格会贯穿于人的一生，有了这种品格，无论是学习、做人、做事，还是社会交际，都会受益无穷。

。

第十四章

活成孩子的良师益友

　　"五一"放假，本来跟儿子说好放学去接他，我因临时有活动，只好通过老师转告他自己坐地铁回来。活动结束，回到家已是晚上八点多了，我迫不及待地跟儿子来了个拥抱，连声说："抱歉儿子，是老爹爽约了，今晚给朋友帮忙，实在推不掉了，只好让你辛苦了。"

　　儿子轻描淡写地说了句"多大点事啊"，就返回自己房间了。简单洗漱之后，我沏了壶茶，还没喝几口，儿子又慢慢凑过来，小声问："老爹，你能给我支烟吸吗？"我以为自己听错了，看着孩子摸着脑袋略显局促的样子，我才知道自己没有幻听，"行啊，但你要给我个理由。"

　　原来今天下午放学后，儿子拉着行李箱刚出校门，就碰到同年级几个经常一块踢球的同学，其中一个招呼他说："走，哥们，一起到前面公厕拔一袋（吸支烟的意思）。"

　　儿子说："不行啊，我老爹在路对面等我呢，一会闻到我身上有烟味，非揍我不可。"

　　同学说："哪这么多废话，是哥们儿的话，就一起来。"

　　儿子说："行啊，不就抽袋烟吗，有啥了不起的，不过一会儿吸完烟都跟着我过马路。"

　　同学问："跟你过马路干什么？"

　　儿子答："一会儿我爹揍我的时候，是哥们儿就每人替我分摊一脚。"

　　同学说："别、别、别，你赶紧走吧！"

　　听完儿子的讲述，我悬着的一颗心放下了，继而又有了些小小的激动和成就感，孩子真的长大了，在令所有青少年都难以拒绝的"哥们儿情义"面前，孩子做出了变通的选择，在他今后的成长道路上，我可以稍微松口气了。

我用成人间才有的动作给儿子递上支烟，并郑重地帮他点着，看着儿子故作镇定的样子，我平静地对他说："儿子，吸吧，这支烟是老爹奖励你的。虽然我此前也觉察到你在偷偷吸烟，但我知道这和你的品行无关，也和有没有烟瘾无关，完全是你的好奇心在作祟，是耍酷和寻找成人感觉的短暂迷失，我小时候也用纸条卷着地瓜叶子吸过，我知道那种感觉，所以我只是提醒你一下，吸烟这件事本身无所谓对错，但如果为这点破事违反校规校纪，就太不值了。"

儿子坐在旁边，反复揉搓着烟头，低头不语，但我能感觉到此时他的真实、坦诚。我接着说："今天我敬你这支烟，不是因为你今天下午没和同学一起去吸，给你的补偿性奖励，也不是老爹我开明到无底线的程度。而是因为你面对小伙伴的'盛情相邀'，你没有盲从、随大流；面对好哥们的'情感绑架'，你有了拒绝的意识，学会了变通。你今天下午的表现，值得我尊重！"

孩子进入高中阶段以后，都会或多或少表现出一些逆反情绪和行为，很多家长都为此忧心忡忡，不敢管，更不敢撒手不管，这中间的"度"该如何拿捏，让一些父母焦虑不已。我也曾肤浅地以为：逆反是每个孩子成长过程中必然经历的阶段，只是时间长短、反应轻重不同而已。

前段时间看过一篇文章，题目是《青春叛逆期竟是孩子留给家长最后的机会》，让我对初、高中孩子的逆反行为有了更加深入的思考。孩子身心发育虽然有快有慢，但进入青春期后就都有了生命主体的觉醒和自我意识的提升，此时的孩子看上去或高大帅气，或亭亭玉立，然而心智远未达到成熟的程度，他们不再轻易听从或依附于父母，向往独立自主的成长空间，于是就有了反抗。

轻微的反抗，我们可以将其称之为"逆反"，此时的群体多以初中生为主。虽然孩子有了反抗的意识，却往往因为体力、心力和能力等反抗资本的不足，面对家长和老师的恩威并施，只能选择屈服和隐忍，具体表现为：不愿和家长多沟通，刻意回避某些话题，甚至有离家出走的念头。

进入高中阶段以后，孩子从身高到体力，再到独立生存的能力都有所增强，反抗的激烈程度有所增加，我们将其称之为"叛逆"，主要的日常表现是：敢于向家长的所有提议说NO，"我不愿意""我不想听""我不喜欢"等口头禅，就成了孩子快速终止与父母沟通的利器，噎得家长直翻白眼。

究其原因，是很多家长受自身素养所限和传统养育观念的影响，忽视了对孩子早期成长过程中各种不良情绪的及时反馈和正确疏导。如果孩子在童年阶段没有得到细腻的关爱，进入青少年阶段，就很容易出现网瘾、早恋、厌学、打架、跟老师作对等问题。当孩子被上述问题困扰时，父母就应该警醒、反思，此前自己对孩子的教育在哪里出了问题，要把孩子的逆反行为当成信号，及时调整自己的教育方式、方法，修补此前因为粗心大意或方法简单，无意中给孩子造成的伤害，亲子关系就会逐渐变得融洽、轻松。

然而现实生活中，有些家长和孩子相伴一生，只把孩子当成孩子，从孩子上幼儿园开始，到高中毕业，一直都在教育、叮嘱孩子怎么做一个乖孩子、怎么做一个懂事的孩子、怎么做一个爱学习的好孩子，个别家长甚至只抓孩子学习，不计其余。有些家长把严加管教等同于父母的尽职尽责，整日戴着家长的面具；有的父母把惩罚责骂当成了立规矩。从短时间看，这些简单直接的管教方式效果非常明显，孩子处于自我保护的生存本能，会变得非常顺从、乖巧。但那些隐藏起来的委屈、不如意，就如同聚集在火山下的熔浆，随着一天天、一年年的积累，总有要爆发的时候。等到爆发的那一天，原先乖巧的孩子会变得面目狰狞，变得连父母都不认识了，让人心寒。人们在指责这些孩子自私、冷漠、无情，甚至残忍的时候，又有谁能够知道他们此前经历了什么样的管束、压制和煎熬呢！

更令人遗憾的是，还有很多高中学生家长往往因为孩子肩负高考的大业，对孩子的教育表现得投鼠忌器，对孩子的逆反行为选择忍让或退缩，等积累到忍无可忍的时候，就会爆发激烈的家庭冲突，最终两败俱伤，但相较于父母的身心俱疲，对孩子的伤害可能是永远的。这就是为什么每一个中国人内心深处，最大的牵挂和最痛的伤疤永远都是自己的家人。

面对孩子的逆反问题，我对所有父母的建议就是："别把孩子只当孩子来养，应该放眼孩子的一生，活成孩子的良师益友。"青春期是连接童年期和成人期的黄金修补期，具有承上启下的重要作用。面对孩子的逆反（反抗），我们做父母的应该及时反思此前的教育方式是否出了问题，我们能否放下父母的架子，放下管控的思维，和孩子进行平等的对话，面对分歧，尽量弹性处理，不一定非要分出对错、输赢。不论这些改变和尝试是否高明，只要让孩子感受到父母的真诚，就一定会发生作用。

孩子的成长是个不断自我修正、自我调节的过程，作为父母，我们和孩子之间的关系应该是平等和相互成就的。放下对孩子"必须如何"的执念，用心感受和孩子在一起的美好时光，让彼此都有成长的空间和力量，这才是家庭教育的核心价值。

。

第十五章

助力孩子的交往

　　儿子的高中生活已过大半，因为住校两周才能回家一次，所以中间一周我都抽时间专程去学校探望一次，送点自己做的饭菜，以免孩子想家。一开始，孩子妈是不赞成这样做的，觉得我有点娇惯孩子，她认为只要给孩子饭卡充够钱，不缺吃喝，中间就无须"兴师动众"。我笑着跟孩子妈讲："高中学习是件非常辛苦、乏味的事儿，无数的俊男靓女凑在一起，也是思想最容易开小差的时候，在这样的环境里，若想让孩子心无旁骛地用功学习，光靠'打鸡血'加油和个人自律是远远不够的，还必须要有亲情的陪伴和助力，要让孩子时刻感受到不是一个人在战斗！"

　　周末孩子因住校无法回家，一大早就接到儿子打来的电话，这次直接给我来了个"命题作文"——"老爹，你下午放学来看我的时候，给我做点炖鸡翅，放点年糕和茄子。"

　　我像军人接到命令一样，迅速行动起来，采购原料，把20多个鸡翅用调料腌上。下午三点整准时开工：大火煸香、温火慢炖，郫县豆瓣酱、耗油、料酒统统放上，一会儿工夫，一锅色香味俱全的"秦氏年糕炖鸡翅"出炉，整整装满了两个饭盒。

　　孩子妈说："留下几个，孩子吃不了。"

　　我说："一个孩子肯定吃不了，如果整个宿舍的孩子吃，这些还不够呢。"

　　在稍微冷却的时间里，我忽然觉得孩子们光吃这个可能会腻，于是又顺手整了一个"炝拌菜花"，菜花开水一焯，热油炸糊花椒，一浇一拌，清爽可口。

　　风驰电掣地送到学校，鸡翅尚有余温。儿子接过满满两盒炖鸡翅的时候，忽然哈哈大笑说："难怪今天我们宿舍那几个人都不慌着打饭呢，原来他们都摸清了你的规律，哈哈。"我叮嘱儿子："以后给我打电话的时候，也可以先问问你同学都想吃啥，我一块做了送来。"儿子说："那倒不用，人家家长也会往这送的。"

我和儿子一个站在门里，一个站在门外，一问一答地聊着，看着孩子淡定、自信的目光里，没有了原来的躲闪和迷茫，我的内心也变得踏实起来。

十分钟左右的会面，总是让我们爷俩感觉意犹未尽，每次看着儿子的背影消失在人群里，我才恋恋不舍地离开。这次刚回到家，就接到儿子打来的电话："老爹，你又成功在我同学中吸粉了，有同学想让我给你要炖鸡翅的方法，也好让他家长做；有同学惊呼菜花居然可以这样做，太好吃了！"

放下孩子的电话，我心里没有半点的喜悦，反而陷入深深地思索之中。虽然很多父母非常重视孩子习惯和能力的培养，但到了高中阶段，面对两周才回一次家的现实，我们做父母的真的就鞭长莫及、无能为力了吗？面对一群精力旺盛的少男少女，我们做家长的就真能置身事外，假装什么事都不会发生吗？

我们该如何引导孩子合理交往、健康交往，这是很多家长内心深处的忧虑，但又不知道如何助力。其实，很多家长之所以出现畏难情绪，想管又不敢管，原因大多在于不了解这一阶段孩子的成长特点和需求。我把高中学生的心理成长特点总结为三个特点：

一是要求处处独立，但又事事离不开家长；

二是渴望时时尊重，却又非常敏感、玻璃心；

三是有自己的想法，却又过于片面、简单。

了解了这些特点，家长们也就能明白高中阶段的孩子之所以难沟通、逆反，不是不需要家长的指导和帮助，而是羞于表达自己的需求。就像浑身长满刺的小刺猬，长刺是为了让自己免受伤害，而不是为了主动攻击别人。所以，我们在关注高中学生成长、助力孩子交往的时候，就要更加注重艺术和策略。

首先，父母的榜样示范作用，如影随形。作为父母，当我们要求孩子树立健康交往的观念时，应该先要反思自己，在与周围朋友交往时，是否存在谄富骄贫、表里不一、自私冷漠等态度。身教胜于言传，父母与同事、邻居、朋友的交往过程、相处之道，都会潜移默化地影响孩子的交往方式。因此，作为家长要懂得用自己良好的人际关系影响孩子，给孩子传递正能量，让孩子感受到人与人之间的真诚与友善。

其次，同龄伙伴的评价建议，不可忽视。高中的学生非常在意周围小伙伴的看法和建议，非常在意自己在同学中的形象，最不能忍受的是家长在好朋友面前批评自己，不给自己留面子。反之亦然，当自己的父母受到同伴称赞和好评时，孩子对家长的认同程度也会水涨船高，接受家长的建议或批评也就更容易些。

再次，同性伙伴的交往，要大气坦诚。在与同性伙伴的交往中，我向来鼓励孩子要大气坦诚，不要斤斤计较，也不要占同学的便宜。记得儿子上初中时，第一次跟我说要和同学一起踢足球，我问："在什么地方踢？"儿子说："在小区前面的森林公园。"人就跑没影了。当我抱着一箱冰镇矿泉水围着公园转了一圈，总算找到孩子们踢球的地方时，已经是满头大汗、筋疲力尽了，在儿子同伴一连串的"谢谢"声中，我转身离开，一句话都没说。

晚上，儿子回到家里变得格外乖巧，显然他是明白了我下午出现在球场上的良苦用心，不是对他的监督、管控，而是助力他在小伙伴中的威信和形象。

时至今日，儿子的高中生活已过大半，只要他说参加同学的生日聚会、周末小聚，我总会偷偷地塞给他一百"大洋"，叮嘱他"注意安全，要主动买单，不要占同学小便宜"。当然，我的"大方"也是有前提的，那就是说好几点回来就必须按时回来，否则取消下一次外出的机会。

有一次，孩子出去跟同学玩，超过约定回家时间十分钟，儿子满头大汗、气喘吁吁地跑了回来，我疑惑地问："有人追你吗，干吗这么着急？"儿子的一句"怕你担心"，让我偷着乐了一宿。

最后，异性同学的交往，要有责任担当。在一次父子闲聊中，儿子曾小心翼翼地问我："老爹，我如果谈恋爱了，你真的不生气、不着急吗？"我回答"生气不至于，着急倒是有可能，我着急是因为你在本该奋斗的年龄，选择了享乐。"

虽然我知道，渴望爱情，渴望得到异性同学的赞许，是每个人成长过程中必然经历的重要阶段，高中阶段的学生渴望得到异性同学的关注是再正常不过的事情了，没有这种渴望和需求，反而是不正常的，更应该引起家长的重视。但人生每个阶段面临的任务都有主次之分，在以学习为主要任务的高中阶段，把精力分散到谈恋爱的次要任务上，本身就是对自己不负责任、对他人不负责任，也是对家庭不负责任。

所以，我希望孩子能明白：在没有弄清楚什么是真正的爱情之前，所谓的"恋爱"只不过是原始的低级冲动罢了。那种因为生活单调无聊的"纠缠"不叫恋爱，那种逃避学习、排遣压力的"黏糊"不叫恋爱，那种像小狗撒尿做记号式的"占有"更不叫恋爱。真正的恋爱是相互欣赏、相互帮助、相互成全的过程，彼此会因为恋爱让同伴分心感到自责，会因为影响到对方学习成绩感到愧疚，会在同伴学业和感情进退两难之际懂得取舍，这才是"恋爱"真正的魅力所在。

　　作为父母，我们愿意为孩子倾其所有，却唯独没有考虑孩子的成长规律和需求；我们愿意为孩子尽己所能，却往往让孩子处于两难的尴尬境地。我真诚地希望有越来越多的高中学生家长在陪伴孩子成长的过程中，放下传统的、简单的教养思维，用尊重和信任的眼光来欣赏孩子的成长。终将有一天，孩子在能够独立面对生活时，不仅会感激你的无私付出，还有你的智慧助力。

第十六章

。

如何关注孩子的学习

　　上周是高二下学期的期中考试，成绩出来后儿子打电话给我说："考砸了，由上次的级部200多名，降到了700多名。"听到这样的消息，我的心里莫名的一阵疼痛，手也有点发抖，真想大喊一声"这个爹，老子我不当了"，然后甩手走人。

　　孩子成绩出现"断崖式"下跌，说不着急、不焦虑肯定是假话。我控制住自己的情绪，耐着性子问孩子："成绩起伏这么大，你觉得是哪方面的问题？"由于校园公话的通话质量不好，儿子断断续续地解释了十多分钟，大意是：以前自己贪玩，落下的功课太多了，上次月考之所以进步明显，是因为只考了当月学习的内容，这次期中考试涉及以前的知识很多，所以就给考砸了。

　　听完孩子的分析，我焦虑的心情稍微平复了一些。既然孩子已经清楚地知道考砸的原因，我再说一些"不听老人言，吃亏在眼前""学海无涯苦作舟""谦受益、满招损"等空洞的说教又有何意义？

　　思忖良久，我还是决定把儿子这段真实的经历写出来。虽然想过，自己孩子考得如此不堪，我还在这里喋喋不休，说不定会遭到一些家长的不屑和挖苦："先管好自己孩子学习，再出来说教吧。"但我依然愿意自揭"家丑"，是真心地希望和我同处在孩子学习低谷期的家长能一同走出焦虑风暴，多一份理性分析，正如我多年的践行理念：我在意孩子的学习成绩，但我更在意孩子的成长状态，是开放的，还是孤独的？是进取的，还是消沉的？是多彩的，还是苍白的？因为家庭教育的真正价值在于"扬长"，而非补齐孩子的"短板"。

　　所以，我平静地对儿子说："孩子，不以一次成绩论英雄，老爹我这点素质还是有的，你既然知道问题的根源在哪里，你就肯定能有办法解决它，如果需要我帮忙（找人辅导），就随时和我联系。"儿子在电话那头说了声："暂时不需要。"

我接着说："孩子，我知道你最近的学习状态是对的，只是给你的时间不够，越是这个时候，你就越应该拿出点年轻人的血性，敢于挑战自己以前的不足，让老师和同学们看到一个有韧劲、有拼劲的你，而不是一个仅仅会耍酷斗狠的幼稚青年。想想毕业多年以后，当老师和同学谈起你的时候，评价如果是：'这孩子挺可惜的，脑子聪明，就是没有常性，三天打鱼两天晒网的'，岂不遗憾终生。"

研究家庭教育多年，我清楚地了解到很多高中生面对学习压力都有一个普遍心结："明明压力巨大，却因为羞于向家人求助或解释，往往会一个人闷声藏在心里，直至无法隐瞒的时候，就索性躺平，我就这样了，爱咋咋地。"在和很多有过这种经历的高中学生聊天后发现，他们之所以不愿向家长求助，是因为很多父母在听到孩子考砸之后，都会发出一个让孩子永远无法回答、无力争辩的灵魂拷问：坐在同样的教室里，同一个老师授课，交一样的学费，为什么别人家的孩子能考好？再加上一副恨铁不成钢的眼神或表情，会让孩子的无助雪上加霜、百般煎熬。

从高一到高三，随着学习压力的逐渐加大，有些孩子对自己的学习变得愈发迷茫和难以掌控，这从他们应对家长的口头禅中，就能发现端倪。面对家长询问学习情况，不同年级的答案是不一样的：

高一年级的回答多是：应该还行吧、差不多吧。

高二年级的回答多是：我累啊、我难啊。

高三年级的回答多是：谁也不知道啊！

然而，令人惋惜的是，现实生活中很多家长听到孩子的这几句口头禅之后，往往并不走心，完全没有意识到孩子言语背后的压力和焦虑，甚至还会责怪孩子：

"还行是什么意思啊，能不能对自己要求高点？"

"难什么难，有我起早贪黑、挣钱养家难吗？"

"你不知道谁知道啊，天天在学校都干什么？"

看似开导、鼓励、加油，实则是棒喝、敲打，让孩子们渐渐地陷入孤军奋战、孤立无援的尴尬境地，令人心疼不已。然而，到底该如何关注孩子的学习呢，我们可以从以下三个方面入手。

一是关注孩子的学习态度。

众所周知，不让孩子输在起跑线上，不过是商家和培训机构促销的一个噱头，竟也让太多的父母趋之若鹜，生怕起跑慢了吃亏，各种早教班、辅导班、特长班，把孩子一路"催熟"。很多家长为了孩子的"美好未来"，都会毫不犹豫地倾其所有，却独独没有家长愿意停下来问问孩子，想要什么？喜欢怎样？

在这个物质生活极大丰富的当下，在"全民富二代"的教养方式中，"只有学习好，才能有出路"的老调常谈，对现在的孩子没有任何作用，"我为什么非要学这些枯燥的数理化""我觉得现在生活就挺好了"……这一连串的发问，常常噎得家长说不出话来。

家长们常常羡慕那些不用催、不用逼，自带"发动机"的孩子。殊不知，在漫长人生中，最持久长劲的"发动机"，是一个孩子看待问题的态度和内心的能量。作为新时期的父母，我们应该摒弃"孩子只要把学习学好，其他都不用管"的包办一切的养育模式，放下"逼一逼，孩子就有兴趣了"的简单思维，给孩子尝试和探索的机会，用尊重与信任加以引导，就一定能够激发孩子的正向态度与能量。

二是关注孩子的学习状态。

关注孩子的学习状态，建议家长在生活中面对孩子的学习，要懂得"抓大放小"的技巧，不要盯着孩子每次写作业的样子，不要担心每个周末作业的完成情况，也不要纠结于每次成绩的升降，只要孩子在和家人相处的过程中，会时不时地聊起哪个任课老师的风格趣事，能经常聊起自己在某节课的表现，偶尔还能解释一下自己在某次考试中失误的原因，这就意味着孩子的学习状态是对的。

虽然孩子这次期中考试成绩下滑很厉害，但在我和班主任沟通后，也进一步印证了自己的判断，班主任姚老师说："孩子这学期非常努力，不要过于苛责。"这更坚定了我对儿子的教育理念和方法。

三是关注孩子的学习习惯。

我曾在很多场合说过这样一句话："中学生成绩的起伏，大多和孩子的智商无关，影响成绩的因素往往来自课堂之外。"当孩子出现成绩起伏、不愿住校、产生厌学情绪等状况时，家长不要一味地劝说、鼓励、哄骗，甚至是痛哭流涕上演"苦情戏"，而是要清楚地了解影响孩子学习的因素是什么，是课上老师无意中的一句话，伤到了孩子的"玻璃心"；是同学间的小误会，分散了孩子的注意力；还是家长期望值过高，给孩子造成了太大压力；抑或是孩子早餐不及时、午休不规律、自习质量不高等，都有可能成为影响孩子学习的潜在因素。

父母应该是天底下最了解孩子的人，当孩子在学习上遇到困难时，作为家长不能着急上火地给孩子"报班恶补"，而应该静下心来，结合自己孩子的独特个性，引导孩子克服畏难情绪，继续保持对学习的兴趣，只要孩子依然有不服输的精神，只要孩子没有一蹶不振，即使孩子最终没能取得优异的成绩、考上理想的大学，这段迎难而上的经历，也终将会让他们受益终生。

。

第十七章

帮助孩子走出『假努力』的怪圈

何为“假努力”？何为“怪圈”？

“假努力”是指孩子每天大部分时间都处于学习状态，学习态度也算认真、端正，但因为所选时间段、学习方法有问题，造成学习质量不高、效率低下的一种学习现象。

所谓的“怪圈”，则是指孩子身处这种低效的学习状态而浑然不知，并想当然地认为自己已经很努力了。

为了给中高考让路，儿子（高二）放假回家上网课，整整十天的假期。在考虑到孩子暑假后就要升入高三了，我觉得很有必要把这十天利用好，所以我准备找几个当老师的朋友，插空给孩子辅导一下，串一串相关知识点。谁曾想，话一出口，就被儿子轻描淡写的一句“我不需要”击得稀碎。

俗话说得好，“牛不喝水，不能强按头”，学习靠的是个人的主观意愿，孩子不愿意学、不想学的时候，找清华大学教授来辅导又有何用？索性我们就来个“大撒把”，我和孩子妈每天照常上下班，中午给孩子留下适量的钱，自己解决午饭。

最初的几天，孩子在家表现尚可，每天基本能够跟随我们按时作息，早上偶尔睡个懒觉，也会在我们离开后不久起床、吃饭、学习，有时还能帮着打扫一下家里的卫生。可接下来的几天，我连续发现了些不好的端倪，先是下班回来看到摆了一天、原封未动的早餐，接着是乱糟糟的床铺，还有懒洋洋、无精打采的表情。追问原因，也都是很随便的回答，“不饿”“忘了叠起来”“挺好的啊”。表面上看都是些鸡毛蒜皮的小事，可往细处一想，我知道他的生活作息乱了节奏，学习状态出现了偏移。可怜天下父母心啊！

有天晚饭后，我们一家三口开了个气氛非常沉闷的家庭会议。当我刚谨慎地指出孩子"假努力"的学习状态时，孩子就像个"急捻子的爆竹"，一下子就炸了。

"我怎么就假努力了？我连想出去玩的念头都没有，你们还想让我怎样？"

"欺骗你们对我有什么好处？你们这样说有意思吗？"

"你们口口声声尊重我，这种不信任能叫尊重吗？"

说到激动的地方，孩子竟还哽咽起来，好像受了天大的冤枉。等他情绪稍微平复，我一条一缕地说出了自己的依据。

父："为什么我们下班回来，你的床铺没有整理？"

子："我下午三点才开始休息，还没来得及整理，你们就回来了。"

父："中午午休时间干什么了？"

子："睡不着，看闲书了。"

父："午休为什么睡不着？"

子："早上睡过头了。"

虽然孩子回答的调门越来越低，嘴上却依然嘟囔着"适合我的学习方式，就是最好的"，我就趁热打铁说出了自己的分析。

一是相较于"三更灯火五更鸡"的苦读，更为世人所接受的应该是"一天之计在于晨"的高质量学习，不管是从生理的角度，还是从脑科学的角度讲，经过一夜休息的大脑一定是记忆力最强的时刻，中午短暂休息之后的记忆能力也会好于其他时间。浪费了一天中学习的黄金时间，却幻想着用其他"垃圾时间"补回来，看似努力、认真，其结果肯定事倍功半，状态低迷。

二是所谓"适合自己的学习方式，就是最好的"，也一定是在遵从大家普遍认可的学习规律、学习时间的基础上，再用自己喜欢的方式加班，才能发挥锦上添花的作用。说得直白点，就是得在完成大家共同认可的规定动作后，才能自由发挥自选动作，任意挥霍正常的作息规律，用随意化、无规律的学习来麻痹、安慰自己，无异于掩耳盗铃，釜中之蛙。

虽然我的语速不快、嗓门不高，但字字见血，句句扎心，孩子像泄了气的皮球一样，不再梗着脖子跟我犟了。在孩子的成长过程中，偶尔出现错误，偏离正常轨道，都是情理之中的事情。这需要父母及时觉察，并耐心地引导孩子脱离困境，回归正途，而不能一味地批评、指责，让身处困境的孩子变得更加无助。面对"假努力"的怪圈，我从三个方面入手，帮助儿子进行自我调整与修正。

首先，帮助孩子修订每天的学习任务表。

每天的学习任务既不能过细、过密，也不能过于粗线条，那种几点到几点学什么，几点几分休息，无缝衔接的安排表，只适合超级自律的孩子。对于像我孩子一样，自律意识稍差的学生，适量安排学习任务才是克己制胜的关键，要让孩子明白"把每天的学习计划安排满满的，并不算真牛，能坚持把每天的学习任务高质量地完成才是真牛"。

其次，引导孩子正视"小聪明"的危害。

孩子之所以陷入"假努力"的怪圈，究其原因，是这些孩子在学习上大多存在耍小聪明的心理，认为自己"开小差"浪费的时间，一定能找时间补回来。在日常学习过程中，也常常热衷于钻研难题、大题，对一般的小题不屑一顾。所以，真到考试时，往往因为基础知识不牢固，简单题做得马虎大意，高难度的题做得似是而非，成绩出现大起大落，甚至翻车的情况，也就在所难免了。

最后，敦促孩子养成"把眼前最该做的事做好"的习惯。

随着高三的临近，学习强度不断加大，需要掌握的各种知识点密集袭来，让很多孩子应接不暇。对于学习成绩较好、基础扎实的学生来说，尚能从容应对，但对于学习成绩处于中游水平的孩子来讲，应该立足于"做一道题，记住一个知识点"的策略，切莫贪多求全。

记得有一次到学校听课，我看到身边一个学生整整一节课都在认真誊写着什么，课间休息都没有出去放松的意思。我凑上去一看，原来学生正在认真地往错题本上誊抄错题。

我问："同学，错题本上的题都弄懂了吗？"

学生："能抄上就不错了，我哪有时间看啊。"

老问题还没解决，新问题又不断产生，这种不断出现的"夹生饭"，会让学生出现疲于应付的"假勤奋"状态，其结果肯定是得不偿失。

听完我的故事，儿子故作轻松地说："上英语课，写数学作业，这哥们也太low了吧！"我说："五十步笑百步的人，又能比他强多少呢？"儿子"呵呵"一声，溜回自己的房间。

接下来的几天，我虽然不确定儿子是否已经走出"假努力"的怪圈，但看着他又恢复了正常的作息，早餐时间能帮着端饭，饭后主动收拾餐具，乐呵呵的表情重新回到脸上，我的内心很是宽慰。

第十八章 。

孩子跌入谷底，我陪他一起往上爬

高二学年在整个高中阶段起着承上启下的关键作用，也是学生分层最为严重的时期，所以，在这一学年里，我和妻子用更多的耐心、宽容和理解来陪伴儿子，对于孩子周末赖床、偶尔外出聚会、买双心仪的球鞋等要求，只要不超越底线（不饮酒、不撒谎），我们基本都笑着应承，减少不必要的管控，避免引发孩子情绪的波动。特别是在我温和而又宽松的父爱滋养下，儿子变得更加阳光开朗、感情细腻，偶尔还有点小幽默，几乎没有青春期的逆反和迷茫。

就在我暗自庆幸的时候，一张高二下学期的期末考试成绩单让我彻底崩溃，儿子阳光大男孩的良好人设瞬间崩塌——372分的期末总成绩，辣得我几乎睁不开眼睛，几乎年级倒数的排名，让我倍感扎心、委屈，甚至有点屈辱。

怎么能这样啊？说好的一分耕耘一分收获呢？难道孩子的一切表现都是在表演？难道我此前的判断都是错觉？我一度对自己的家庭教育方式和能力丧失了信心。

经过高一年级的各种不适应和广泛试错，孩子在进入高二年级以后，基本呈现出了"浪子回头金不换"态势，学习态度也算端正，尊敬师长，友善同学，成绩也曾接近过级部200名；生命成长也算丰盈，在努力学习的同时，还能保持一些兴趣爱好，整天都是一副乐呵呵的表情；人性品格也算善良，时常牵挂爷爷奶奶，对父母的辛勤付出也懂得感恩。就在我认为即将看到胜利的曙光时，现实却啪啪打脸，让我羞愧难当。

强压怒火，我和妻子一同跟儿子进行了一场严肃谈话。

父：孩子，成绩考得这么差，能说说原因吗？

子：我也不知道怎么回事，反正我用心了。

父：看你这30、40、50、60、70、80的成绩单，各科成绩低得如此匀实，以我的经验判断，你上课压根就没听讲啊。

子：我听讲了，不信你问老师。

母：根本不用问老师，我觉得这个成绩哪怕上课光睡觉，考试的时候蒙一蒙，也差不多能考这样。

……

接下来的两天时间里，我虽然没像有些家长那样变得歇斯底里，在家里摔锅打碗、说话夹棒带刺，但内心的纠结和焦虑一点儿都不比别人少。夜深人静的时候，听着隔壁卧室里儿子时不时的叹气声，我禁不住地反躬自问："为什么我用尽浑身解数来理解、包容孩子，而他的眼睛里却时常充满幽怨？为什么如此阳光善良、情感细腻的少年，却在学业上有如此糟糕的表现？"

百思不得其解的情况下，我主动与孩子的班主任进行沟通，希望能从她那里找到破解谜团的钥匙。班主任老师在委婉地指出孩子存在自控能力不强，课堂注意力不够集中等问题之后，接下来的一段话，让我好像找到了问题的症结。老师说："其实，这一学期孩子比以往任何一个学期都努力，有时候晚自习怕自己困，他还主动站到教室后面学习，只是到临近期末考试前一周，忽然感觉孩子失去了动力，上课也趴在那里睡觉，我还问他是不是压力过大，在得到孩子否定答复之后，我也就没太在意。"

我知道自己的孩子天生不是当学霸的料，生性顽皮好动的性格，活泼有余、稳重不足，因此，在孩子从小到大的求学过程中，我始终秉持的教育理念是——可以不看重结果，但必须重视过程，只要孩子努力了，所有的结果都是最好的！

记得距离期末考试还有三周的一个周末，孩子住校不回家，我做好他爱吃的红烧鸡翅送到学校，隔着学校的篱笆围墙，孩子红着脸说："老爹，等我放了暑假，你一定要找人帮我补补课，前面我落下的太多了。"这是孩子从小到大第一次提出补课想法，我笑着答应，却没有往细处想。现在想来，熊孩子是在神游一段时间之后，想定下心来学习时，才发觉自己以前的"欠账"太多，随着复习的深入，越复习越觉得不会的东西太多了，忽然之间就失去了方向，产生了畏难情绪，而我竟没有在第一时间觉察到，给予及时的引导和宽慰，真的失职。

当我把自己的分析和判断一条一绺地讲给儿子时，孩子竟捂着脸，呜呜地哭了起来。万幸啊，我没有在看到成绩单的第一眼，把孩子暴打一顿。

弄清楚问题的根源之后，我想把这件事情写成文字，借以提醒那些习惯于"以成绩论英雄"的家长，当孩子成绩出现起伏波动时，一定要谨慎应对，特别是当孩子成绩不理想的时候，切忌：冷脸相向、恶语相加，让孩子陷入孤独无助的尴尬境地。

妻子在旁边善意提醒："自己孩子成绩如此不堪，你还嘚瑟地介绍经验，一定会招人耻笑的。"而我却认为，我家的案例恰恰证明了家庭教育的复杂性和多变性，从来就没有什么高招妙计，能让家长一劳永逸。所谓的静待花开，一定是在助力孩子脱离泥沼、解决困惑之后的淡定从容；所谓的相信放手，也一定是在帮助孩子明确目标、激活能量之后的静心守护。

家庭教育的指导理念之一：当孩子遇到困难时，家长不能以局外人的身份，单纯为孩子鼓劲、加油、灌鸡汤，或者对孩子进行批评、指责、挖苦，这等于是站在了困难一边，让孩子陷入孤立无援的状态；当孩子遇到挫折时，父母应该跟孩子站在一起，用孩子的视角重新审视眼前的任务和困难，在家长眼中，是一条抬腿就能迈过的小坎，在孩子看来，也许是无法翻越的藩篱。父母只有真正懂得孩子的苦与痛，才能让孩子感受到不是一个人在战斗，也才能帮助孩子重燃希望和信心。

如今，我的孩子在学习上遭遇瓶颈，跌入谷底，苦不堪言，作为父亲，我选择跳进坑里，陪着孩子一点一点往上爬。虽然我不能像一些"高知"家长那样，重拾课本，一章一章陪着孩子复习，但我可以用纯粹的父爱和娴熟的厨艺，为孩子提供源源不竭的动力，让他暖心、暖胃。至于学业上的事，只要孩子有补课需求，想学了，那真的不是事儿。

人的一生必须亲自走过很多弯路，世上没有不跌倒就长大的孩子。作为家长必须明白：无论多么智慧的父母，都不能代替孩子的成长，有些弯路对于孩子来讲是必要且有益的。当孩子陷入迷茫或跌入低谷时，父母应该做的是：牵住孩子的手，让他看到希望。

只要孩子回头，什么时候都不算晚！

。

第十九章

拐角就是幸福

要给孩子留出试错的时间 ／ 要给孩子足够的信任

　　国庆节放假，我按时到校门口接孩子回家，左等右等都不见儿子出来，早已过了约定好的时间，身边来接孩子的车辆走了一批，又来一批，直到最后剩下我一人一车，就在我所有的耐心都被耗尽，急躁的小火苗开始上蹿的时候，孩子笑眯眯地拉着行李箱走过来，我气不打一处来，连车都没下，直接在车里摁开后备厢，让他自己放行李。

　　回家的路上，我强压怒火，尽量用平和的语气询问孩子晚出来的原因，孩子随口回答"做值日"，直觉告诉我此中必有蹊跷，因为中秋放假时孩子刚刚做过值日。路上等待红绿灯的间隙，我悄悄给班主任老师发微信，了解原因，在得到老师"是因为违反了宿管纪律，罚做值日"的答复后，我心里反倒轻松了一些，毕竟不是什么大问题。

　　儿子好像看穿了我的小动作，不紧不慢地说："我是因为昨晚宿舍楼熄灯后串宿舍，被宿管大爷扣分了，所以才被罚值日的。"

　　我说："前两天，咱俩不是刚交流过吗，高三学期时间金贵，这个时期犯错误的成本太高了，尽量别让一些小问题、小错误，影响你的整个学习节奏！"

　　儿子委屈地解释："这两天我感冒了，舍不得请假，熄灯前我看床头上有纸，谁知用了两张就没了，问宿舍的同学也没有，我就去隔壁宿舍借，就这样被宿管大爷撞见了。"

　　不管孩子说的是真是假，只要无关生命安全，我都选择让他自己承担行为带来的后果，因为我明白"别人教的曲唱不得"，唯有自己经历了，才能印象深刻。

　　一路无言，孩子为缓解车上的尴尬气氛，故作轻松地问："老爹，晚上咱们吃啥？"我没好气地回答："下面条。"唉，这孩子心咋就那么大呢。

因为路上堵车，回到家已近七点，虽然吃的是面条，但我还是偷偷地给儿子放了很多"真东西"：卧鸡蛋、放虾仁、加牛肉。孩子呼啦呼啦地干了两大碗，吃得满头大汗，吃完帮着收拾了一下碗筷，就一头钻进自己房间。

晚上九点左右，我早早上床休息，迷迷糊糊的时候，儿子忽然敲门进来，"老爹，你下午接我，在车里憋了3个多小时，我猜你的腿肯定又酸胀了，我给你揉揉腿吧。"我推辞说："不用了，不是很厉害。"孩子却说："我写作业累了，就当放松活动一下。"我只好屈就。

孩子边给我揉腿，边自顾自地打开了话匣子。

"老爹你知道吧，我们学校中秋节后有一个周末，只休星期六，星期天照常上课，可很多同学还是给老师请假，回家连休了两天，我们宿舍有一晚就剩我一个人了。"

"这一周语文老师布置了一篇以'躺平'为主题的作文，老师说我写得不错，让我当着全班同学的面儿念了一遍，课下有同学给我点赞时，我解释说这是有感而发，亲身体验，哈哈。"

"还有地理老师也找我谈心了，给了我很多鼓励……"

"老爹，我已经懂得了'强者都在努力适应，弱者仍在寻找理由'的道理了，你就放心吧。"

幸福来得如此突然，我有点猝不及防，只能将脸埋在枕头里，充分地享受这醉心的时刻。种种迹象表明，孩子这一阶段的学习状态是对的，成长方式是正向的。

虽说孩子的"开挂"有点令我意外，但也在情理之中，因为在他此前的成长过程中，特别是前两年的高中生活，我给足了耐心和信任。我相信：只要家庭教育方式对了，孩子的成长就一定是正确的！

要给孩子留出试错的时间

在此之前的文章中，我曾多次强调学校的作用，除了传授孩子知识之外，更主要的功能是：在这个绝对安全的环境里，为孩子提供各种尝试和成长的机会。而这种尝试不管对错，都将成为孩子成长过程中的宝贵财富。

如果说大学校园是个"小社会"，那么高中校园就是一个模拟社会，在这模拟的社会环境中，孩子有太多的东西需要尝试，不论是牵肠挂肚的早恋，还是重情重义的小团体，不管是小伙们热衷谈论的网络游戏，还是难以搞定的任课老师，这些生命成长中必不可少的尝试与探索，远比单纯的学习对孩子的成长更有意义。

很多家长都希望孩子能把精力用在学习上，有些尝试等年龄再大点也不迟，却完全忽视了生命成长的自然规律，不同的年龄有着不同的成长需求；忽视了生命成长的不可替代性，该走的弯路一定要走过，才能变为成长的动力。那些"这个不要做""那个不能碰"的说教，要么会禁锢孩子的成长，要么就会适得其反，刺激孩子变得更加逆反。我们只有在不是非常紧要的时间阶段，满足了孩子"我偏要这么做"和"犯了错误，又能把我怎么样"的偏执心理后，才有可能体会"浪子"回头的喜悦。

既然试错不可避免，我倒认为：早试要比晚试好，越早尝试，试错的成本就越低，改错的时间就越充足；越晚尝试，试错的代价就越高，孩子的痛苦指数就越大。所谓"船小好调头"就是这个道理。

深入高中调研，我总结出一个规律："对于高中学生来说，成绩的起伏波动，几乎和他（她）的智商无关，而是和他（她）周围的环境息息相关。"当孩子在学习上出现畏难甚至厌学情绪时，家长千万不能因为害怕耽误孩子学习，用苦口婆心的劝说、讲道理，或者痛说家史的苦情戏，把孩子逼回教室，这有可能让孩子遭受更多的煎熬或伤害；当孩子因为违反校规校纪，被勒令回家反省时，家长更不能通过请客、送礼等非常规手段，恨不能当天就把孩子摁回教室，这都是不明智的做法，无助于孩子改正错误。我们应该给孩子留出自我疗愈的时间，给孩子留出认识错误、计算代价、品尝后果的时间。

只有当孩子真正包容了同伴的"无心之过"，看开了异性同学的"移情别恋"，理解了老师的"声色俱厉"，看清了自己的"任性而为"，才能更加从容地融入高中生活，才有可能收住心，专注于学习。否则，所有的劝说、哄骗、逼迫都是拔苗助长，脆弱不堪。

要给孩子足够的信任

举个有趣的例子：同样是一枚鸡蛋，从里面自己打开蛋壳，就会蝶变成一条生命；从外面施力打开蛋壳，就只能变成一盘食材。孩子的成长也是如此，只有发自内心地渴望进步，渴望被认可，才能实现真正的成长，找到自身的价值。

曾几何时，我的孩子深陷成长的迷茫，各种问题层出不穷，成绩也从级部200多名降到400多名，再到700多名，一降再降，甚至降到级部倒数，但我仍然坚信自己的孩子本性善良，不是坏孩子，只是因为好奇、自律意识不强、没想过违纪的后果，才导致状况百出。

所以，我用足够的耐心与信任，等待孩子慢慢回头。不擅长学习没关系，是因为咱家基因不够优秀，只要你努力就行；学习成绩不好没关系，只要学习态度端正就行；自律意识差、经常违反纪律没关系，只要不是有意为之且有愧疚之意就行；被勒令回家反省没关系，只要能够吃一堑长一智就行。着眼孩子的一生，只要孩子发自内心想回头，想改变，到什么时候都不算晚！

"磨刀不误砍柴工"的道理大家都懂，但事到临头，很多家长就缺少了应有的理性，总想用自己的经验代替孩子的成长。"你该冲刺了，千万不能松劲啊""高三的学习，决定了你的前途命运""考不上好大学，你的一生就完了"，诸如此类饱含父母良苦用心的劝说、叮嘱，却成了很多高中生的梦魇。说到底，父母的这种焦虑源自对孩子的不够信任，不相信孩子能够及时回头、幡然醒悟，不相信孩子能够吸取经验、厚积薄发。

这也是当下很多高中学生学习动力不足、生命脆弱的根源，因为父母的不信任、不放心，让他们失去了很多自由成长的机会，孩子的生活失去了太多的乐趣；因为父母的不信任、不停地催促，让孩子的成长变得一片空白，除了学习还是学习。甚至有些成绩优秀的孩子，也有自己的迷茫和困惑，除了让父母满意、高兴之外，他们找不到学习的价值和意义。

因此，每当有家长问我"提高家庭教育水平还需要做些什么"的时候，我都笑着回答："知道自己不该做什么，也是好的家庭教育，只要我们能让孩子感受到尊重与信任。"

　　高中的学习生活紧张、单调，甚至是乏味，在这样的环境氛围中，如何让孩子的成长拥有源源不竭的动力，让孩子的生命变得丰盈且有活力，这需要父母的智慧来助力。而最基本的家庭教育智慧与学历无关，它隐藏在家长对孩子的耐心和信任之中，父母多一份耐心，孩子的成长就少一份焦虑；父母多一份信任，孩子的前进就多一份动力。时机成熟了，孩子的小宇宙自然就爆发了，幸福就会突然出现在眼前。

。

第二十章

互相尊重的『学问』

沟通有『度』／尊重有『道』

上个周末是孩子的休息日，我高高兴兴地按照约定时间去接他，路上意外地接到孩子班主任电话，之所以说"意外"，是因为孩子最近的各种状态都是积极、正向的，按道理不应该这么短时间就出现反复。老天爷像是有意检验我的家庭教育水平一样，及时、持续地给我提供一次次实践、反思、再实践、再反思的机会，让我百分之二百地体会了孩子成长过程的随机、多变、反复等特点，充分认识了一切皆有可能的深层含义。

班主任在电话里委婉地提醒我，"孩子从暑假开学后，确实有很明显的进步，所有任课老师都能感受到孩子身上发生的积极变化。但最近一周他却突然出现了早读迟到的现象，并且是连续多天，有时还上课打盹，希望家长利用孩子在家里的周末时间，好好帮孩子改正一下。"

在真诚地向班主任老师表达谢意，感谢她对孩子的包容和关心之后，我边开车边琢磨：孩子这是遇到什么问题了？什么样的原因能让孩子出现这种状况？早恋分心、熄灯后玩手机、同伴夜聊这些问题早在高一、高二的时候，他都已经尝试过了，并为此付过"学费"（成长的代价），按说具备了一定的免疫能力，应该不会成为早读迟到的原因。

儿子上车后，敏锐地觉察到我的欲言又止，便主动打破僵局，"老爹，有什么问题吗？"我自以为亲子关系不错，儿子会对我知无不言、言无不尽，就把老师们的担心，以及自己的不解和盘托出，希望儿子能跟我交交心，把不能对外人讲的原因或问题，跟我坦诚交流，我也好帮着他出出主意、想想办法。没想到儿子沉思一会儿，说："没事，这个问题我会处理好的。"

我顿时陷入"老虎吃天，无处下口"的尴尬。一路无言，虽然我没有得偿所愿，但我知道：强制下的沟通是解决不了深层次问题的！

周末两天我像往常一样，推掉所有应酬，使尽浑身解数为孩子做各种美食，儿子也表现得非常懂事，认真写作业、帮着端饭、收拾餐桌、不看电视、适当玩会儿手机。幸福的时光总是那么短暂，星期天送孩子返校的路上，我尽量用平和的语气对孩子说："孩子，有些想法你不愿与家长交流，我尊重你的选择，因为你也到了心里有诸多小秘密的年龄，这是你从成长到成熟的重要标志，但我要提醒的是，你应该尽快形成与之相匹配的、能够独立处理问题的能力，不要让自己陷入既有秘密、困惑，又不求助，最终导致事态不可收拾的两难境地。"

紧接着的这个周末，学校因为承接教师资格考试任务，放假一天，看到儿子笑嘻嘻地钻进车里，我知道孩子的问题解决了。路上，我问儿子能不能讲述一下问题的原因和自己的化解办法。儿子一脸轻松地说："上一周忽然有了点小压力，导致晚上难以入眠，感谢老爹的信任。至于解决办法就更简单了，平时定表起床时间是6：20，现在直接改成6：00了，既能在热被窝多黏一会儿，也不会迟到，放心吧。"

高三学年，是孩子人生道路上的关键时期。因为学习压力的陡增，同学关系的亲疏变化，以及对未来人生的思考，都会让孩子内心深处积累一些不能分享的秘密，有些秘密甚至对自己的父母也难以启齿。这需要高三学生家长因势利导，运用更多的人生智慧，帮助孩子巧妙地化解各种难题。

需要强调的是：养育孩子的人生智慧和家长文化水平无关。面对愈加困难的择校焦虑，父母坚持适合孩子的才是最好的，是人生智慧；面对更隐蔽、更昂贵的课外辅导，父母选择着力培养孩子的习惯和性格，也是人生智慧；面对千差万别的物质给予，父母选择高质量的亲情陪伴，还是人生智慧。但是，父母所有的教养智慧都是基于能和孩子互相尊重、有效沟通才得以实现的。

沟通有"度"

随着社会的进步和文明的发展，大多数家长在和孩子沟通时，都能摒弃命令式的教养方式，能够心平气和、平等交流，也有很多家长把跟孩子建立友好紧密的亲子关系当成引以为傲的一件事情，这都得益于现代家庭教育水平的提升。但随着孩子年龄的增长，到了一定年龄阶段，内心深处会萌生一些不能与人分享的小秘密或者困惑，有些家长就会非常焦虑，非常玻璃心，甚至觉得受到欺骗、侮辱。

"我拿你当朋友，对你掏心掏肺，关键时候你竟然不愿告诉我"；

"你到底是怎么想的，说出来，我会帮助你"；

"我是为你好，请你一定相信我。"

信誓旦旦，言之凿凿，就差指天盟誓，企图从孩子嘴里套出只言片语，并以此分析、掌握孩子的思想动态。尽管出发点是为了保护孩子、帮助孩子，但这种强迫式的沟通氛围，会让孩子更加无助、无所适从，父母的舐犊之情战胜了理智，忘记了"没有跌过跤的孩子，永远学不会走路"的道理。孩子直面自己内心深处的秘密，用心咀嚼品味、权衡取舍、体会成败的过程，也是他逐步完善独立人格，迈向成熟的必然经历。

因此，从某种意义上讲，内心深处没有秘密的孩子永远也长不大。家长能和孩子平等地沟通交流，固然是尊重孩子的重要体现，但允许孩子保留自己的小秘密，在保证安全的情况下，给孩子一个自我消化吸收的过程，同样是尊重孩子的一种智慧。

尊重有"道"

我们培养孩子文明习惯的时候，经常提到同学之间要相互尊重，但很多家长把这项礼仪理解得过于肤浅，仅仅停留在字面意思。尊重的前提是对方有值得自己敬佩、学习的地方，相互尊重并非适用于所有同学之间，强行要求相互尊重的话，"尊重"也就变得一文不值了。

同样的道理，父母与子女之间的相互尊重，也并非与生俱来，恒久不变。随着孩子人生阅历的增加，父母无所不能的高大形象日渐消失，那种"我是你爹（娘），你就应该尊重我"的传统思想，就会变得脆弱不堪。在人人生而平等、价值观多元化的今天，传统的伦理关系早已不是孩子考虑是否尊重一个人的重要因素，父母凭借居高临下的管控和养育之恩的要挟，只会让孩子的"尊重"更加表面化，甚至是虚于应付。

本文所强调的尊重有"道"，是希望提醒家长和孩子：要用自己的行为，来赢得对方的尊重；让自己的付出和努力，值得对方尊重。

作为父母，拥有财富的多少、职位的高低，未必能换来孩子的尊重，但家长在日常生活中展现出来的敦厚善良、豁达开朗的性格，勤劳肯干、笑对困难的品质，以及善待家人、与邻为善的举止等，都会成为孩子由衷敬佩的根源。

作为子女，更不能简单凭着"我在青春期，我要求平等，不尊重我就是不爱我"的理由，肆意挥霍父母的耐心和迁就，自己平时自由散漫、自私任性，还处处要求平等、尊重，实属过于自恋了。若想得到父母师长的尊敬，还要靠自己的实际行动来赢取：学习成绩可以不优秀，只要努力学习、持之以恒，依然可以赢得尊重；言行举止可以出错，只要知错能改、择善从之，照样可以赢得尊重。

教育的黄金准则是：尽可能多地尊重孩子，尽可能恰当地要求孩子。尊重是保护孩子的前提，只有当家长把孩子当作平等的、独立的个体，孩子才会敞开心门，愿意与家长进行沟通交流，才能更好地实现相互影响、彼此成全的和谐家庭氛围。

第二十一章

陪孩子过好

高中最后一个寒假

随着春节临近，高三学生的最后一个寒假即将到来，相信很多家长内心的纠结与焦虑情绪也会与日俱增。作为一名家有高三学生的家长，我非常理解家长们的苦衷：到底该以何种方式陪着"神兽"过一个有意义的假期？管得松点吧，生怕孩子变得散漫无序，成绩一泻千里；管得严点吧，又担心孩子冲动逆反，出现情绪波动；管得不松不紧呢，这又是一个"技术活"，很多家长担心拿捏不好尺度，掌握不好火候。万种纠结，怎一个"愁"字了得。

家庭教育研究发现：家长对孩子的学习出现焦虑情绪的根源，在于对自己孩子的不信任，不相信孩子能够自觉自愿地认真学习。譬如，有的家长见不得孩子玩耍、放松，只要孩子一休息，就马上心慌意乱，度秒如年，紧张兮兮，总感觉孩子会玩起来没完没了。即使有的家长明知道孩子刚玩了一会儿，也会不断提醒"差不多了，再玩一会儿，赶紧去学习"。家长不经意间把孩子当成了学习的机器，完全忘记了高三的孩子在长时间、高强度学习之后，需要适当的放松，才能重新聚集能量、满血复活。那种"只要学不死，就往死里学"的休克疗法，只会让孩子成为"书袋子"，装入再多的数理化知识，也无益于孩子的成长。这种学习的方式，作为冲刺前的口号喊喊是可以的，真要变成现实的话，会让多少家庭陷入万劫不复的境地。

前一段时间，偶然得知某高三优秀学生跳楼的噩耗，原因竟是该生因为前期参加一项国家级的赛事，集训期间致使其他学科成绩受到影响，赛事完成后他奋力恶补，身心疲惫，向家长表明休学的想法，换来的却是家长不停地唠叨、劝说和鼓劲；向学校表达休学的意愿，反被告知"学校还指望他冲击名校呢"。于是，悲剧不可避免地发生了。

如果说成年人的崩坍是无声无息的，那么高中孩子的崩溃可能是地动山摇、天崩地裂的。他们往往用极端的方式宣泄对家庭和学校的不满，以此表达对整个成人世界的强烈抗争。联想到现实生活中，当孩子向家长表达不想上学的意愿时，有些家长会被自己的成长经验和价值判断蒙蔽双眼，看不到孩子的痛苦，有的家长采用痛哭流涕、软硬兼施的办法，逼迫孩子返回学校；有的家长则是动用各种关系，请客送礼，恨不得当天就把孩子摁回教室，生怕耽误孩子一丁点学业。这些举动会让孩子陷入"旧疾未好，又添新痛"的尴尬境地，苦不堪言。

为了能让更多的高三学子过好最后一个寒假，为了让更多的家庭过一个和谐幸福的春节，也为了避免出现"相爱相杀"的家庭尴尬，我为高三的家长支几招：

一是要过一个有生活规律的假期。

寒假过后，孩子就要进入高考的最后冲刺阶段了，所以很多家长这个假期过得可谓"小心翼翼"。一方面由于孩子处于特殊敏感时期，家长担心自己的言行引起孩子情绪的波动，影响到学习，所以投鼠忌器，始终处在"打不得、骂不得、说不得"的纠结状态；另一方面，明明知道孩子学习任务重、压力大，自己却又爱莫能助，经常会有"有劲儿使不上"的无力感。

然而，仔细想来，家长之所以如此纠结，主要是源于对高三学习氛围的不了解，对高中孩子的成长特点存在误区。进入高三，学习氛围会骤然紧张起来：学校从管理角度提供了诸多便利与保护；所有任课老师如临大敌般地百般叮嘱、鼓励，大多数同学逐渐进入角色；就连宿管大爷也对高三学生温柔了许多。身处这样的环境，哪怕是平时再调皮贪玩的孩子，也会收心敛性

（玩伴消失了很多），不由自主地拿起课本，从善如流。

需要提醒家长的是：很多孩子在班级愈加浓厚的学习氛围的带动下，会一改先前"吊儿郎当"样子，开始认真学习，努力追赶。这个时候，有些孩子会因为此前落下的功课过多，出现"越努力，不会的知识点越多"的错觉，家长要利用这个寒假，对孩子进行及时开导、点拨，让孩子明白"他努力学习的状态，本身就是最值得家人敬佩的行为"。

基于孩子已经进入良好的学习状态，寒假期间，家长应该及时停止唠叨、催促的习惯，不要让孩子产生被强迫、不自由的感觉，因为在学习这件事上，归根结底靠的是内省，而非外力。因此，在孩子高中生活的最后一个寒假，家长与其关注孩子的学习效率，不如关注孩子的生活规律；与其关心孩子的学习质量，不如关心孩子的生活质量。只要孩子寒假期间作息规律，生活充实有趣，家长便大可放心，孩子的这个假期就一定能够起到蓄势休整、满血赋能的积极作用。

也许有的家长觉得冤屈，"孩子非常敏感、叛逆，自己根本没有唠叨的机会"。这里的沟通误区在于："高三的孩子处于青春期逆反的后半段，不是不需要家长的建议，而是需要家长更加'艺术'的沟通。"而所谓"艺术"的沟通则不外乎点到为止、平等商量、话到嘴边留半句等常用技巧罢了。而看破不说破，则是应对孩子敏感这一特点的一剂良药。

二是要过一个有情有义的假期。

春节寒假走亲访友、家人聚会是在所难免的，很多初、高中的孩子因为聚会时需要注意太多的"清规戒律"，既要礼貌问好，又要及时回答长辈的关心问询，还要举止得体（不能乱动），甚至还要被迫送上祝福，所以大都对家庭聚会退避三舍，敬而远之，宁肯在家吃泡面。

对于孩子的这些选择，家长除了平常心对待之外，也要理解孩子的苦衷，敏感、好面儿的青春少年本来就与老成世故的成人世界格格不入，我们不能要求孩子一边专注学习、心无旁骛，一边又希望孩子乖巧可人、从容应对。

对于需要全家一起参加的家族团聚和好友聚会，要事先跟孩子做好沟通，使其明白全家出席聚会，就像国家领导人携夫人出国访问一样，是在向对方表达足够的信任与尊重，而且你虽然是个孩子，却意义重大，就像木桶理论中最短的那块木板一样，代表着全家人的素养水平。同时，这也是孩子增强家庭责任感，明了家族传承，感受亲情友谊的大好机会。一个缺少亲情滋养和友情陪伴的孩子，其生命成长历程一定是苍白、脆弱的。

在此前的文章中，我曾多次强调：高中孩子持久的学习动力一定是来自课堂之外，而亲情与友谊对于激发孩子的学习动力所发挥的作用，往往超出人们的想象。有的家长担心，如果孩子以此为借口，要出去参加自己的朋友聚会怎么办？其实，只要家长能和孩子事先约法三章，不抽烟，不喝酒，按约定时间回来，如有违反，取消下一次聚会，那么孩子去参加聚会一定是利大于弊的。

三是过一个真实舒心的假期。

家庭教育界有个玩笑，"家长要求孩子做到的，如果家长能够做到，那么家长就成了圣人！"这则玩笑一是凸显了家长对孩子的期望值之高，普通人很难达到；二是暴露了家长重监督、轻表率的毛病。监督孩子时，可谓眼里揉不得沙子，明察秋毫；反观自己时，则得过且过，敷衍了事。

现实生活中，很多社会团体组织的家庭教育指导，为了追求经济效益，故弄玄虚，又是感恩体验，又是互动煽情，却唯独忽视了家庭教育的根本，那就是父母的榜样示范作用。家庭教育不需要太多的说教，也没有传说中的高深莫测，只需要家长放下架子、做好自己，不偏执、不自大，尊重孩子的人格即可。就像缺少了爱的婚姻，才需要彼此忠诚一样，没有了爱的亲子关系，才需要刻意提醒孩子感恩。为人父母，我们需要时时提醒自己，不要被朋友圈里的浮躁和攀比裹挟，陪伴孩子健康成长才是家庭教育的"初心"。

当家长慌忙扔掉手机，尴尬面对从书房走出来的孩子时；当父母面对孩子不理想的成绩单，满脸的不如意时；谁曾仔细体会过孩子的感受，家长的虚伪、自私，让孩子尽收眼底，只是碍于情面，不好意思说出口而已。这也是为什么有些家长看到孩子高考压力过大，夜不能寐，严重影响到孩子健康时，故作镇静地劝慰孩子"要放松、要平常心应对""不管考什么大学，我们都高兴"，却丝毫不起作用的原因。

辅导孩子学习是家长的弱势，但照顾好孩子的饮食起居却是父母的强项。我们希望孩子能够活得积极上进，学习认真，那么，作为父母在家庭生活中就要活得真实、勤恳，从做好一日三餐入手，从家庭中的点滴小事做起，活成孩子的榜样。有的父母虽然没有文化，却依然能够养育出品性敦厚、勤劳能干的下一代；有的家庭虽然经济窘迫，却也能够实现夫妻和睦、母慈子孝的幸福生活，这就是榜样的力量。

2021年寒假，是这批孩子高中阶段的最后一个假期，也是孩子能和家长朝夕厮守的最后一个假期。不管他们今后上不上大学，别离已经成为不可逆转的趋势。因此，作为高三家长，应该放下养育孩子的功利思维，放下生活中的浮躁习气，做好自己擅长的事情，珍惜和孩子相处的每一天，活出真实，这才是真正的智慧家长。

。

第二十二章

教孩子做人是家庭教育的根本

2022年的春节，是我有生以来过得最狼狈不堪的一个假期，都说进入本命年，人会时运不佳，所以我处处过得小心翼翼，然而还是充分地品尝了人到中年的不易。诗和远方只是偶尔的兴致，苟且地活着才是生活真实。

临近过年，老父亲第三次突发脑梗，奄奄一息，不能自理。放假在家的儿子，原本说好哪里也不去，好好在家复习功课，听说爷爷的病情之后，主动要求跟我一起回家看望老人，这让我烦躁的心情得到少许安慰。

除夕晚上，我草草做了几个菜，一边陪年迈的母亲有一句无一句地闲聊，一边独自喝着闷酒，儿子坐在旁边看电视，不到十点就开始吃饺子了。万万没想到的是，儿子竟拿起小碗夹了两个饺子，端进卧室，非哄着爷爷吃一个，感动得老母亲不停地擦拭眼泪，孩子的举动，也让我心头着实一热。临别时，儿子又钻进屋里，偷偷告诉爷爷，"再等一百天，等高考结束就回来陪他"，更惹得两位老人泪眼婆娑，老泪纵横，"熊小子"仿佛一下子就长大了许多。

这个周末是孩子连续住校两周后，回家休整的时间，媳妇在学校加班未归，我也没有心情在家做饭，于是就和儿子在外面简单吃点。吃饭的时候，孩子很突兀地问了一句："老爹，你怎么一副心神不宁的样子啊，有事吗？"

我说："没事啊，可能是上了一天班，有点累吧。"

孩子说："你以前可不这样啊？"

我这才意识到近期自己状态低迷，连忙向他解释："上周你奶奶又晕倒在家里，在医院住了好几天，我来回折腾得有点疲惫。"

儿子小声嘟囔了一句："其实春节在家的时候，我就看着奶奶脸色不好，怕你着急，我就没敢说。"

　　孩子的一番话，顿时让我心里五味杂陈，既为自己粗心大意而懊悔，也为儿子的懂事、细腻所感动，孩子贴心的表现让我振奋了许多。于是，我郑重其事地对儿子说："目前是咱家最困难的一段时间，你若能管好自己的学习，不让我分心，就是在替我分担责任，就是在帮我和妈妈承担压力。"看着孩子重重地点头答应，我内心一下子释然了。

　　晚上躺在床上，我久久不能入睡，庆幸自己多少懂点家庭教育知识，知道情感抚养比物质给予更重要，懂得品性培养比智力教育更重要。所以在孩子的高中三年，我没有一味地紧盯孩子学习，不停地叮嘱、催促，而是在明确底线的前提下，给孩子更多耐心和理解，允许孩子按照自己的想法去尝试，相信他总有幡然醒悟的时候。面对孩子中上游的成绩，我也曾动摇过、犹豫过，时不时地反问自己：如果三年后，孩子考不上重点大学，我这还算是好的家庭教育吗？如果孩子成绩平平，我又怎能让众人信服我的家教理念？

　　现在想来，豁然开朗，孩子学习成绩的优劣，不能成为衡量家教水平好坏的必要条件。孩子是否适合学习，是由其内在潜质决定的，只要亲子关系足够健康顺畅，只要家庭氛围足够温馨和谐，孩子的成长一定是正向的。就像种植花卉，只要阳光、温度、水分、营养适宜，成长得快慢、花开得早晚，是由种子的品质决定的。父母作为孩子最亲近的人，应该了解自己孩子的个性特点，拒绝盲从，因为对于大多数孩子来讲，成长比成功更重要。假如时光可以倒流，让我重新选择养育孩子的方式，我依然会毫不犹豫地爱上眼前这个重感情、体贴人的"熊小子"。

　　现实生活中，受社会浮躁习气和攀比心理的影响，很多人把幸福家庭简单定义为：老公有钱+老婆漂亮+孩子学习优秀，且三个条件缺一不可。无论夫妻二人条件多好，只要孩子学习不优秀，就感觉矮人一头，不算真正的幸福。在这种简单绝对、非黑即白的标准裹挟下，有些家长开启了"只抓一点，不计其余"的功利培养模式，养育孩子的功利性主要体现在两个方面：

一是在成人和成才的选项中，过于偏重成才，忽略成人。有些家长自我安慰，先让孩子考上重点高中或重点大学，以后有时间再慢慢培养做人吧。殊不知，成人和成才是相辅相成的，良好的品行是成才的先决条件，一味地强调学习，忽略了德性的培养，就是本末倒置、揠苗助长。就如同新闻里频繁爆出的"文化巨婴"，屡屡上演令人不齿的言行，非其学历不高、学识浅薄，而是做人的根基没有打牢。古语讲"有德无才，才不足以助其成；有才无德，才必助其奸"，足以令家长们深思、反省。

二是在"想要的"和"正确的"二者之间，家长往往要求孩子选择"正确的"，无视孩子"想要的"。孩子的高中三年，是自我价值观和独立人格不断完善的黄金期，他们判断是非对错的参照物与此前几个阶段截然不同。

幼儿园时期，孩子价值观参照物是妈妈——"妈妈说这么做不是好孩子"；

小学阶段的参照物是老师——"老师说这样做是不对的"；

初中时期孩子的价值观参照物就变成了周围的同学——"同学说你买的衣服太难看了"；

那么，进入高中学段以后，随着自我成长意识的逐步觉醒，支配孩子言行举止的就完全变成了自己的主观感受——"我觉得这件事应该怎么样"。

"我——觉——得"，三个普普通通的汉字，却透露出高中生对周围事物的敏感、好奇与渴望。但是，一些家长凭借着"我是为孩子好"的心理，武断地用自己的经验判断，逼迫孩子选择做"正确的事情"。当孩子对学校某个社团活动产生兴趣、对某位异性同学心生情愫，或者对高强度的学习表现出畏难情绪的时候，家长就会以"现阶段专心学习是最正确的事情，不努力学习就会遗憾终生"来劝说、鼓噪。然而，当很多孩子长大成人后，最大的遗憾往往是没有按照自己想要的意愿活一回，孩子只做"正确的事情"，却让孩子错失人生的情趣和色彩。

当然，我唠叨这些，绝没有让家长放松对孩子的学习要求，任由孩子按照个人兴趣成长的意思，仅仅是提醒家长不要用自己的经验代替孩子的成长，毕竟只有亲身经历的感受和记忆，亲自哭过、笑过，才是真正意义上的成长。优异的学习成绩，只会是孩子人生某一阶段闪耀出来的火花，而拥有敦厚善良的性格、阳光豁达的品质，才会让孩子一生发光、发热。

。

第二十三章

家长该如何
助力孩子上好网课

疫情期间，居家学习的方式应该由孩子说了算 ／ 家长应该清晰表述

孩子上网课的底线要求 ／ 帮助孩子学会正确上网课的方法技巧

　　2022年开学至今，新冠疫情反复无常。随着周边城市防疫形势的日趋严峻，济南市教育系统未雨绸缪，为线下教学随时按下"暂停键"做了充足准备，集中全市优秀师资力量提前录制了大量网上优质课程，彰显了泉城教育的温度与品质，让广大中小学生家长的焦虑情绪得到缓解。

　　然而，因为疫情形势的变化，很多孩子在断断续续的居家上网课过程中，衍生出了一些令人啼笑皆非的新问题和新焦虑。因为孩子上网课迟迟进入不了状态，家长摔手机、砸电脑、剪网线等各种不理智行为屡屡发生，民间流传的那句"不谈学习，母慈子孝；一谈学习，鸡飞狗跳"，形象地道出了人间真实。为给孩子辅导作业变得歇斯底里的妈妈，为纠正孩子假期不良生活习惯而暴跳如雷的爸爸，一时间成了各种自媒体、短视频的主角。很多家长在看到此类视频时，先是哈哈大笑，继而唏嘘不已，感慨自己何尝不是镜中人！

　　前一段时间曾看到这样一段视频，镜头中孩子面对电脑，一脸无辜，妈妈在旁边精神崩溃，痛诉孩子上网课的斑斑劣迹：老师提问问题，你也不在群里积极发言；老师已经讲到下一页，你也不知道翻翻书，表情呆滞；老师让思考练习一会儿，你却在"小窗"里偷偷与同学互动；陪你上了几天网课，知识没见你学多少，切屏的技术却越来越熟练、越来越隐蔽……"可怜天下父母心啊！"视频中这位母亲的哭诉与无奈，让我深深地陷入思考：孩子上网课效果不佳的根源是什么？

　　春节期间，我到一位好友家做客，进门听说上初中的孩子正在上网课，于是我们在客厅聊天、在厨房做饭时，都是压低了声音、蹑手蹑脚，生怕打扰了孩子学习。一个多小时以后，看孩子还没有出来休息，征得家长同意，我想进到孩子房间和他聊两句，在敲门无应答的情况下，我小心翼翼地推开房门，却看见孩子正趴在桌子上呼呼大睡，旁边电脑上的老师仍然不知疲倦地在讲课。我顺手拿起孩子床上的一件外套给他披上，但还是惊醒了他，没想到小家伙问了声"伯伯好"之后，又若无其事地看起网课。

我轻声问孩子："愿意上网课吗？"孩子摇摇头。我又试着问："要不关上电脑，咱俩聊一会儿？"孩子下意识地回头看看虚掩着的房门，合上了电脑。

我问："上着网课，怎么不小心睡着了呢？"

孩子："老师讲得没意思，平时她上课我也不怎么听。"说完还朝我做了个鬼脸。

我问："既然不愿上，趴桌子上睡还不如躺床上睡呢，多舒坦啊。"

孩子指指门外，并用手做了个"抹脖子"的动作。这个模仿港台片，向对方发出严重警告的动作，让我觉得又好笑又心痛，也让我读懂了作为孩子的不易和无奈。一面是父母每天不停催促上网课的唠叨，一面是一个人孤独的网课，真是前有埋伏、后有追兵，孩子左右为难，疲于应付。

我用理解的语气对孩子说："你太不容易了，太懂事了，明明自己不愿上网课，但为了不让爸妈生气，每天还是硬着头皮坐在电脑前，这就如同战场上的士兵，明明不想打仗，却依然要冲锋陷阵一样，这需要很大勇气和毅力。"小家伙听完我的一席话，竟低头抹起眼泪来。

虽然我没有挨家挨户地调研过，但身边的同事、朋友不乏因为"孩子上网课经常不在状态"的问题，导致家里气氛紧张、关系失和，甚至引发家庭矛盾的现象。所以，我想就"疫情期间，家长该如何助力孩子上网课"

的问题，谈几点自己的思考和建议，希望能对面临此类问题的家长和孩子有所帮助。

疫情期间，居家学习的方式应该由孩子说了算

曾几何时，在网络媒体技术还不够发达的年代，孩子们的假期学习大多以完成老师布置的作业为主，至于老师和家长叮嘱的"要多复习、多预习"，则完全看孩子的兴趣和心情。所以，无关成绩好坏，假期生活都会成为所有孩子的美好回忆。现如今，随着信息技术的高度发达，孩子与老师的沟通渠道多了，学习方式更加灵活了。但受疫情影响，居家上网课似乎成了孩子的唯一选择。实事求是地讲，并不是所有孩子都适合上网课。有的孩子反应灵敏，能跟得上网课速度；有的节奏较慢，需要逐字逐句地消化；有的性格内向，乐于这种不被人打扰的网课模式；有的活泼好动，无法专注于单调的网课。因此，居家学习到底采用哪种方式更有效，应该让孩子自己做主，家长只要定期检测孩子学习质量即可。

虽然，引导孩子认真学习，是家庭教育的重要任务，但不是全部。作为父母不能只盯着孩子的学习，忽略了习惯和品德的培养，因为对于绝大多数孩子来说，成长真的比成才更重要！作为家长不应成为孩子学习的监工，要成为孩子学习动力的源泉，要让孩子明白，父母可以不计较成绩的好坏，但必须看到他努力学习的样子；可以限制学习方式，但必须看到他专心学习的状态。

| 家长应该清晰表述孩子上网课的底线要求 |

相对于传统课堂的纪律森严：不允许交头接耳、不允许上课打瞌睡、不允许下位走动……居家上网课则出现了纪律约束的真空，再加上相较于课本固定不变的内容，电脑时不时弹窗和广告，大多数孩子抵御不了，所以，居家上网课容易走神、开小差也就在所难免了。

家长作为孩子的监护人，应该及时清晰地表述上网课的底线要求：不在上网课期间，做与上课无关的事情；不在上网课时，启用电子设备的其他功能选项；如果不能专心上网课，立即关闭电子设备。通过一家人事先商定的网课"约法三章"，让孩子清楚地知道家长对网课的底线——宁可不上网课，也不能纵容上课三心二意的坏习惯，与其用边学边玩的方式得到一锅"夹生饭"，不如关掉电脑、看看闲书，养养心性。

| 帮助孩子学会正确上网课的方法技巧 |

引导孩子借助丰富的网络资源，采用更加便捷的方式获取知识，是信息时代人才培养的必然趋势。我们不能因噎废食，武断地拒绝所有网上课程。家长可以根据电子设备和网络技术的特点，帮助孩子掌握网课学习的方法与技巧。

1.积极与老师隔空互动。虽然居家上网课无法达到现实课堂上师生互动的真实感，但家长仍可以引导孩子，把老师的隔屏提问、征询，当成是对自己的发问，鼓励孩子及时、大声地回答问题。当其他同学回答问题与自己想的不一样时，也要通过留言区及时发表自己的看法。网络课堂与老师的隔空互动，不仅能让自己的注意力时刻在线，提高网课质量，还能有效避免答错题后的尴尬，让自己变得勇敢、自信。

2.熟练掌握截屏、回放等技巧。网上课堂因为节省了大量师生互动的时间，老师不再为掌控整个班级的学习秩序耗费精力，网上授课速度明显快于线下。在孩子熟练掌握电子设备的使用功能之后，家长要及时提醒孩子暂时放下线下课堂记笔记的习惯，学会"囫囵吞枣式"的听课方式，紧跟老师的讲课速度和思路，尽量不给自己留下走神、发呆的机会。对于没有掌握的知识点，完全可以等网课结束后，通过截屏、录屏或者回放的方式慢慢消化。

3.留言反馈、余味隽永。网课结束后，不能关闭电脑，万事大吉。因为很多老师习惯于在聊天区与学生放松互动，由于这里没有线下师生面对面的拘束，交流内容往往变得天马行空、妙趣横生。同学的吐槽、老师的调侃、伙伴的互怼，看似与教学无关，却会让孩子对相关联的网课久久不能忘怀，回味无穷。

总而言之，不管是孩子的线下学习还是线上网课，家长都应该明白：学习这件事，只能依靠孩子自我觉醒，任何外力的施压、逼迫，都无异于揠苗助长，事与愿违。而如何激发孩子学习的内驱力，则需要家长利用生活中的点点滴滴，有意识地培养孩子的兴趣与习惯，因为兴趣是学习的动力，习惯是学习的保障。

。

第二十四章

看懂孩子的压力

2022年寒假结束后，孩子进入高考前最后100天冲刺阶段，明显感觉到孩子的压力增加了不少，背题时的神情越来越专注，复习功课的时间越来越长，手机被冷落到一边，闲书被扔到桌子下面，再也不顾及自己的发型和穿着了。我跟孩子开玩笑说："别看你现在天天以'小平头'示人，但我感觉你浑身上下都发着光，不管你以后考什么大学，我和妈妈都会以你为荣。"

儿子笑呵呵地摆手说："不要，不要停，老爹继续！"逗得全家哈哈大笑。

高考倒计时80多天的时候，一天午休时忽然接到儿子从学校打来的电话，说想让我给老师请个假，回家住一晚。我的心一下提到嗓子眼儿，首先想到的是孩子可能跟同学闹矛盾了，然后想到可能被老师怼了一顿，情绪有点小波动，我在电话里耐心地询问，结果却被孩子一一否认。"算了，要不我就不回去了"，儿子话锋一转，让我意识到问题可能不是一两句话就能表达清楚的，连忙答应下午放学我会准时在校门口等他。

放下电话，我急忙和孩子班主任联系，通过沟通排除了儿子在学校闹矛盾、挨批评的猜测，心里算是踏实了许多。于是，我如实跟老师汇报了孩子中午打电话的事情，感觉孩子学习上遇到了点小压力，有点松动了，想把他接回家住一晚，顺便给他鼓鼓劲，得到了老师的理解和批准。

下午放学后，儿子走到校门口看到我的车，远远地就笑着跑过来，上车后很开心地说了句："老爹，谢谢你来接我！"我故作认真地说："你这话说得，好像我以前没来接你一样。"回家路上，儿子忽然打开了话匣子，好像很长时间没见面一样，问我怎么给老师请的假，我如实相告说："感觉你学习上有点小松懈，想带你回家加加油。"孩子瞪大眼睛，冲我竖了竖大拇指，然后若有所思地说："其实也没什么事，就是最近同学都在用各种各样的理由请假回家或者外出，自己一次假都没请过，总感觉和少了点什么似的，所以也想请一回假。"

我半开玩笑地对儿子说："三年了，该踩的坑、不该踩的坑，咱都踩过了，该试的错、不该试的错，咱都试过了，今天这点'小插曲'不过分。"儿子用手摸着头不好意思地说："这几天忽然感觉食堂的饭菜难以下咽，特别想吃家里的饭菜。"

众所周知，高考冲刺前的一段时光，孩子真的是"亚历山大"，一边是父母满怀期待的目光，一边是所有任课老师不厌其烦地提醒、督促，再加上周围同学都全力以赴地"带节奏"，很多孩子倍感压力，明明知道自己也应该拼命学习，可就是提不起劲来，特别是有些孩子在努力拼搏了一段时间后，阶段测验成绩仍然不理想，就容易出现这种纠结、动摇、无法名状的情绪，时间稍长，还会滋生出内疚和焦虑的成分，让孩子变得迷茫、痛苦，甚至会影响孩子的正常生活。

所以，当孩子无端提及学校生活中一些不如意的问题时，请家长不要掉以轻心，敷衍塞责。如果你经历过以下类似的对话场景，就请及时地向孩子表达歉意吧。

孩子：最近班里的自习课太乱了。

家长：只要你不乱就行，不要管别人。

孩子：我们教室里老有一股臭烘烘的汗臭味。

家长：别人都能受得了，咱有什么受不了的。

孩子：我想回家一趟。

家长：有事吗？没事回来干什么。

孩子：现在食堂的饭越来越难吃了。

家长：是让你去上学的，又不是让你去享受的。

孩子：你能再陪我聊一会儿吗？

……

家有高考学生，很多家长恨不得用尽浑身解数为孩子做好后勤服务，殊不知，真正高质量的后勤保障，不是一日三餐的花样翻新，不是上下学的车接车送，更不是孩子在家写作业时，父母小心翼翼，大气不敢喘，而是能看懂孩子的压力，读懂孩子的需求，并及时施以援手，为孩子提供暖心的动力支持。当孩子出现疲惫倦怠的状态时，你能用一个幽默的笑话化解他一身的疲惫；当孩子流露迷茫焦虑的神情时，你能允许孩子短暂地放下书本，做到真正的身心放松；当孩子表现出学习的畏难、动摇情绪时，你能利用生活中的点滴正向事例，及时点燃孩子的希望，这才是孩子希望家长做的事情，也才是家人该有的支持、帮助。

现实生活中，很多高三家长见不得孩子停顿、松懈和彷徨，就更别提孩子出现短暂的厌学情绪了，每每遇到孩子说"不想学习了"，家长就会如临大敌，感觉天都要塌下来了，一般家长都会采用哭诉自己的辛勤不易、指责孩子不懂感恩、许愿孩子挺过暂时的黑暗等方式，逼迫孩子乖乖就范，其实这样做的作用微乎其微，甚至还会让孩子变得更加压抑和痛苦。此时，任何一点儿不如意的事情，都可能成为压垮骆驼的最后一根稻草，让孩子走上极端，酿成人间悲剧。

在和大量高三学生交流的过程中，我能清晰地感受到：大多数高中学生都曾有过"不想学"的念头，只不过有的转瞬即逝，有的能够自我消化，有的却因为纾解方法不当，陷入了越压制、越强烈的泥沼。有的学生半开玩笑地对我说："当我们出现厌学情绪，其实真的不需要家长做什么，只要不责骂、不唠叨，让我们安安静静地待两天，自己就会疗愈了。"因为，他们也知道真正辍学回家，对自己意味着什么。

因此，不论是面临迫在眉睫的高考，还是处于人生的十字路口，父母作为孩子的坚实依靠和后援，应该始终保持一颗淡定包容、充满正能量的心，允许孩子出现短暂的逃离，宽容对待孩子的松懈、退缩，给孩子一点儿喘息和自我疗愈的机会。"工欲善其事，必先利其器。"我们应当给予孩子足够的理解、足够的信任、足够的勇气，帮助孩子卸下沉重的思想包袱，要让孩子清楚地知道，相对于高考成绩的好坏，家人和老师更在意他是否努力了，是否拼尽了全力。

人生从来都不是一场高考就能决定的，也不受"起跑线"的左右，人生是一场真正的马拉松长跑。有些家长面对成才和成人的问题时，往往急功近利地选择"先让孩子成才，以后再慢慢学习做人吧"，完全忽略了人类成长的规律。高中三年，既是孩子学习知识和技能的关键阶段，更是孩子完善自我人格和修正价值观体系的黄金期，错过几个知识点的积累，孩子可以通过后期努力来弥补，可人的"三观"一旦形成，每次一微调都要经历刻骨铭心的人生之痛。

曾经有家长非常困惑，为什么孩子考入了理想大学，却对父母的辛勤付出无动于衷，根源就在于"父母只盯着孩子成才了，忘记了情感的培养与维系，致使孩子自私地认为大学是自己忍受各种孤独寂寞熬出来的，与家人关系不大"。所以，真心地希望家长能明白一个道理：决定一个人一生有多么成功、多么幸福，不是大学和专业，而是孩子处理每件事情的心态和行为方式。

第二十五章

。

我和儿子
之间的『俄乌战争』

孩子已经进入高考百日冲刺的关键时刻，却因为新冠疫情被迫中断，改为居家线上学习。从事教育多年，我虽然知道线上学习和坐在教室跟老师面对面学习的效果相去甚远，内心多少有点焦虑，但因为这是全市疫情防控的硬性要求，也只能悄然慨叹孩子时运不佳，高中三年让新冠疫情给搅了个七零八碎。

孩子在家上网课，父母所能做的就是处处小心翼翼，生怕因为自己的一点儿动静分散孩子的注意力，生怕因为后勤保障不及时，让孩子无法进入最佳的学习状态。儿子有时跟我开玩笑："考试前我在家的待遇像皇帝一样，考试结束后待遇会不会像乞丐一样？"我意味深长地看他一眼，反问道："你觉得呢？高中三年有段时间你的成绩一降再降，我们是否降低过接待标准？"孩子摸摸头，笑着说："那倒没有。"

居家学习第一周，我们一家三口相安无事，基本都在状态，儿子按时上网课、提交作业，完事还能自觉复习一下。事情出现转变是孩子第一次参加社区的核酸检测，我发现有些不对劲：他的居家学习忽然变得没有规律，此前上网课都是按点出来喝水、吐槽、调侃，而这段时间却在自己的房间不出来。因为从小跟孩子约定他写作业时不进房间检查督促，所以我也是略做提醒，希望孩子继续保持自己的学习节奏，儿子虽然点头答应，但效果并不明显。特别是有一次午休睡过了头，妈妈催叫了好几次，他不但没能起来还一直睡到我们吃晚饭，这个不正常的表现引起了我的注意。平时虽然儿子也有昏睡一天的时候，但都是发生在连续住校两周后，在校无法保证充足睡眠导致的，也算情有可原，而居家学习期间他每天睡眠都在八小时以上，即使偶尔贪睡，也不至于困到这种程度，此中必有蹊跷。

晚饭后，孩子又一头扎进自己房间"学习"，我若无其事地在客厅喝茶，然后突然走到孩子跟前，看到他正在埋头玩手机游戏，顿时如同五雷轰顶，拿过被孩子玩得滚烫的手机，我没有任何言语，直接甩手两个响亮的耳光。儿子捂着脸待在原地，我拿着手机坐在客厅里，心里万般滋味，与其说是生气、愤怒、崩溃，不如说是羞辱和惭愧。

整天自诩是家庭教育的专家，自我陶醉于和谐的亲子关系中，对孩子缺少自我克制能力的问题视而不见，对孩子不尽如人意的学习成绩也是不停地自我宽慰，到头来孩子依然玩心不减，不知轻重缓急。儿子一个不合时宜、贪玩不吝的举动，一下子把我打回原形，很难想象我还能用如此原始的方法管教孩子。

事发后，儿子拒绝吃饭，继续昏睡了两夜一天，我们夫妻两个第一次出奇地一致，没有任何人叫他吃饭。第三天早上，我做了儿子爱吃的馄饨，酸酸辣辣的那种，也许是因为从来没有体会过饿的滋味，儿子被一阵阵的香味吸引到餐桌前，埋头吃了一大碗，吃得满头大汗。中午又做了儿子爱吃的糖醋排骨，看着孩子闷头干饭的样子，我知道，其实一开始他是想着拒绝呢。

曾经有家长向我咨询："孩子处在逆反时期，家长该怎么做才好？"我的回答是："少唠叨，多做孩子爱吃的饭。"现在想来确实管用。

事件平息后，我主动和儿子谈心，才知道手机的来历：上次社区做核酸时，儿子碰到了初中同学，等待检测的过程中两人玩了会儿游戏，也许是没有尽兴的缘故，就把同学的手机借来偷玩（孩子自己的手机早在放寒假时，主动上交给我了，说是要专心学习）。我指着电视关于俄乌战争的新闻画面对他说："你和乌克兰的总统太像了。"看着孩子一脸懵圈的表情，我继续说："明明知道自己身边有一个永远搬不走的强大邻居，却任性地跟邻居的宿敌眉来眼去，结果被揍得老惨了，还觉得自己很悲壮。却不知道普京大帝可以允许他关起门来闹腾，而不能容忍他引狼入室，突破底线。"

儿子红着脸争辩："关我什么事儿！"我温和而坚定地说："我能认可你在学习上的努力，也可以接受你的贪玩散漫，但决不能容忍你打着学习的幌子边学边玩。"

需要特别强调的是：这次孩子之所以能够快速从对抗情绪中走出来，是我们家一向作为"老好人"的孩子妈妈发挥了至关重要的作用。平时对儿子几乎百依百顺的她，在这次家庭"危机"中竟然旗帜鲜明地和我站到了一起，在儿子私下里向她控诉我的种种"暴政"时，妻子居然一反常态地历数我对儿子的宽容、赞赏，甚至是偏爱，这让儿子的抗拒情绪彻底没了市场。

在和很多家长聊到孩子的教育问题时，我从来不提倡"动手打孩子"这种原始的管教方式，因为我不知道别人的家庭是否具备有效的矛盾化解机制，成员之间是否能够密切配合，万事周全。

尽管粗暴、原始的管教方式没有理论支撑和科学依据，还经常为很多教育专家所诟病，但不得不说，这种迫不得已而为之的"当头棒喝"，有时能让孩子从习以为常的思维定式中快速跳出来，重新审视、反观自己的言行：发生了什么事？怎么会这样！进而明白触碰底线的后果，幡然醒悟，悟透父爱的真谛——"不是不能，而是不舍"。

当然，如果想让无奈之举产生奇效，除了需要家庭成员特别是夫妻之间的密切配合，能够做到敲打与安抚并重，抚慰中又兼具引导和委婉批评，具备一定的家庭自我纾困功能和矛盾化解机制；还需要家长和孩子之间具备良好的亲子关系，家长平时用心呵护孩子的成长，体恤孩子的喜怒哀乐，家长只有具备了这些相应的"抚养资本"，亲子关系才具有韧性，管教发生时，孩子才不会记仇。

除此之外，还需要施教者具备精准把控、不翻旧账、点到为止的能力，清楚适当惩戒和简单粗暴教养方式的区别。具体到我家的这场"俄乌战争"，我虽然不满于儿子的贪玩成性，气愤于他的不合时宜，不知轻重缓急，但并不影响我喜欢他的善良体贴。"老爹，我再给你踩踩腿吧，明天我就要复课了，可能得一个月后才能回来。""老妈，你的减肥操很有效，继续坚持！"不妨碍我欣赏他的耿直大度，疫情期间连续六次做核酸检测，儿子坚决反对"一人排队，全家插空"的做法，每次上完网课都拒绝我们的"好意"，自觉自愿地到后面排队，引得邻居掩嘴偷笑。

孩子的成长离不开父母的引导和关爱，适当的惩戒也会让孩子惊醒开悟，学会反思。但具体的教育方式要因人而异、因事而异，不能照本宣科。哪有什么岁月静好，只不过是有人在替你负重前行，治国、齐家，无不如是！

。

第二十六章

家长如何应对孩子青春期的变化？

坦诚相待　让孩子感受到尊重　／　适当放手　让孩子青春更加丰盈　／　有效沟通　形成家庭教育合力

前不久，新东方的董宇辉在直播间的一段话，给无数青春期孩子的父母一次很好的提醒。当时他夹起一根烤肠，询问观众眼中烤肠的形状，很多观众表示看到的是短短、胖胖的不规则长条状，但董宇辉意味深长地说："从我这看到的是圆的，这就说明各方角度不同，看到东西自然不一样。"一番简短精辟的输出，除了让人敬佩董宇辉的睿智，也让我想到了家庭教育的症结所在：角度不同，就无法真正懂得孩子的需求。

青春期的孩子随着生理和心理的快速成长，思考问题的方式和表达个人意愿的方式都会发生"巨变"，不再对父母的意见言听计从。孩子变了，父母也要做出改变，此时的家长如果继续沿用孩子小时候耳提面命的教育方式，亲子关系一定会非常紧张。面对孩子青春期的变化，家长应该如何应对？从哪些方面调整教育方法？如何读懂孩子、拉近与孩子心的距离呢？我想抛开共情、悦纳、角色互换等专业词汇，换一种语调，跟家长朋友们聊一些简便、实用的方法。

┃ 坦诚相待　让孩子感受到尊重 ┃

曾经有一个重点高中的学生家长咨询我："闺女进入高三学习压力太大了，晚上经常失眠，严重的时候身体还会出现疼痛。"父母看在眼里非常着急，便经常宽慰女儿："孩子啊，你不要有这么大压力，不管你考什么大学，我们都会很满意。"可每每此时，孩子总是用似是而非的表情说："知道了。"可见，家长的开导根本对孩子起不到任何作用。

我和孩子促膝长谈之后，孩子慢慢吐露内心的苦闷：自己家庭条件一般，父母上班挣钱很辛苦，非常希望自己能考个好大学，改变家里的窘况，从小到大，每当自己考个好成绩时，父母总是乐开了花，但当成绩不好时，父母的脸色就会非常难看，让自己很内疚和自责。现在忽然说"考什么大学都满意"，纯粹是言不由衷，父母的虚伪让自己更是无所适从、无处宣泄，只能藏在心里。父母越是强颜欢笑地安慰，自己就越纠结，郁积成疾，苦不堪言。

青春期的孩子已经具备了一定人生阅历，父母在他们面前不再是那个无所不能的高大形象，与其勉强维持无所不知、掌控全局的主宰者地位，不如放下架子和孩子坦诚相待。父母在生活中的难题、工作中的烦心事，不妨与孩子聊聊，家庭成员之间这种宽松、平等的关系，才是助力孩子快乐成长的无形力量。这种坦诚的对话方式，不但能让孩子感受到来自家长满满的诚意与尊重，更能激发青少年的责任意识和担当精神。

当然，我所说的坦诚相待，让孩子感受到足够的尊重，并不是让家长一味地退让、隐忍，而是在坚守一定底线的基础上相互尊重。一方面，家人之间坦诚相待的时候，要尊重孩子的隐私，给他们留出一定的私人空间，要知道完全透明的孩子，长大后将无法适应复杂的社会生活。另一方面，家长在给予孩子足够尊重的同时，要明确敬老孝亲、认真做事的原则底线。我们可以接受孩子平等对话的权利，但绝不接受轻慢无礼的表情；可以接受学习成绩平平，但绝不接受散漫任性的表现。

| 适当放手　让孩子青春更加丰盈 |

做家庭教育时间久了，经常会碰到父母跟孩子聊天聊死的尴尬场景。

父母：孩子，你千万不要去做那件事儿，会严重影响你的一生。

孩子：你们怎么知道不能做？

父母：我们是过来人，知道事情的危害有多大。

孩子：为什么你们能尝试，我就不能试试？

父母：我们不想让你走弯路。

孩子：你们能走，我也想走。

现实生活中，很多家长因为害怕孩子犯错误，担心孩子走弯路，总想用自己的人生经验帮助，甚至代替孩子的成长。表面上看无可厚非，天下父母谁不希望孩子能够顺风顺水地成家立业，但深入研究，就会发现这些父母很可能好心帮了倒忙。面对孩子成长道路上的沟坎和困惑，有些家长往往以爱之名，按照自己的主观意愿帮助或代替孩子做出决定：你应该怎么做！坚决不能怎么做！

殊不知，这不但剥夺了孩子遇事思考、权衡和选择的权利，压制了孩子探究世界的兴趣和勇气，甚至还剥夺了孩子自主成长的权利和机会。孩子逐渐失去了成长的乐趣，活成了家长的提线木偶。当人们都在嗔怨某些啃老、躺平、巨婴一族时，又有谁能想到当年父母对其的管控和束缚呢？

庆幸的是，随着社会文明的不断进步，有越来越多的父母与时俱进，懂得了适当放手的智慧，在保证青春期孩子身心不受伤害的前提下，允许孩子按照自己的意愿去尝试，不论尝试结果的好坏、对错，都将积淀成为孩子的人生财富，都会让孩子生命变得丰盈且富有韧性。

有效沟通　形成家庭教育合力

青春期的孩子虽然身心都有了较快发展，但心智的成熟度远远没有跟上，原因在于此阶段孩子的主要精力都以学习为主，缺少生活的历练。这就造成青春期的孩子都有两个永远无法跨越的"心结"：一是要求独立却又事事都离不开父母，前脚刚说了"不要管我"，后脚紧跟着要求父母帮着做这做那；二是要求尊重却又与自己的言行相去甚远，头一天信誓旦旦、发奋图强，第二天则睡到日上三竿，一身慵懒。

所以，青春期孩子的逆反、抗争，不仅仅是因为父母管控过严、教育不得法所致，有时候亲子关系融洽的家庭，孩子也会出现逆反，此时父母大可不必焦虑，因为孩子是在跟自己的"眼高手低"赌气，在跟自己的"不争气"较劲。

孩子进入青春期以后，家长不要急于给孩子贴上叛逆的标签，更不能因为孩子抗拒，不敢主动与其沟通，生怕自己哪句话说得不合适，点着了孩子的"火药桶"。其实，青春期的孩子不是不愿跟父母沟通，而是因为上述两个"心结"作祟，他们羞于启齿罢了，这种情况下，父母如果稍微掌握点与孩子沟通的技巧，就能轻松引导孩子尽快走出青春期的漩涡。

首先，应该明确沟通不是唠叨，父母单方面滔滔不绝的输出，只会让孩子表情麻木，反应冷淡，这只耳朵进、那只耳朵出，这种"沟而不通"的聊天方式，只会让孩子疲于应付，甚至逃离。如果父母在和孩子聊天的时候，能够稍微转变策略，做到少说多听，效果可能更加积极正向。有时候，哪怕父母一言不发，只要能耐心地聆听孩子的倾诉，就足以引发孩子对自己的观点想法进行再思考、再审视的过程。

当然，我们在允许孩子平等交流的同时，也要尊重孩子缄默、不想沟通的权利，因为有些青春期的话题，孩子宁愿向老师、同伴寻求帮助，也羞于向父母求援。个别父母在自己敞开心扉、无话不谈之后，忽然接到孩子一句"没有什么想说的"，就感觉"热脸贴了个冷屁股"，受到了愚弄，进而会生气、歇斯底里，并且迁怒于孩子的冷漠。然而真正的原因是自己没有换位思考，未能顾及青春期孩子的心理特点。

其次，应该充分利用家庭成员的团队配合，特别是在事关孩子重大问题和错误的时候，夫妻间的密切配合、意见一致对取得良好沟通效果至关重要。

俗话说"儿大女大三分客"，作为父母不能再像孩子小时候那样，想说什么就说什么，而应该事先有所准备：今天要聊什么问题，怎么开始才不至于一谈就崩，作为家长应该给出什么样的建议，孩子反驳后该如何回应……这些内容即使不能写在纸上，家长也要简单打个腹稿，不能进行无准备的沟通。

至于夫妻间的配合或者与祖辈之间的合作，不能仅仅依赖于对方的悟性，必要时真的需要事先沟通：今天我打算和孩子解决什么问题，希望对方给予怎样的辅助；孩子反驳时，希望对方能从哪个角度给予劝解，等等，家人间的团队合作对于安抚青春少年躁动的内心有着强大的镇定作用。

有的家长说："树大自直，等孩子长大了就没事了。"也有的家长说："我现在对孩子严着点，等他长大就知道我是为他好了。" 这些传统的教育理念，在科技尚欠发达，孩子接触不到海量信息的时候，或许能够奏效，但在真假信息、炒作谣言漫天飞的今天，孩子无时无刻不被各种信息骚扰、裹挟、羁绊，青春期的孩子由于鉴别是非曲直的能力不完善，更需要父母及其他家人有技巧、有艺术的陪伴和引导。

一言蔽之，青春期的孩子并非排斥、不愿意与家长沟通，而是希望父母能用委婉、平等的方式与之对话。青春期的孩子之所以逆反，根源在于他们虽然知道父母是为自己好，却没有从中感受到"爱"。作为新时代的家长，如果能放下身架，与孩子坦诚相待，保持有效沟通，一定会助力孩子拥有一段充实而精彩的青春年华。

。

第二十七章

家教对了，孩子的成长状态一定正确

何为好的家庭教育？ ／ 怎样做好家庭教育？

上个周末儿子该离校回家休息，我因为有事没法接他，只能让孩子自己回家。参加完应酬，我一身疲惫地回到家中，恍惚间看到一包女性用品放在茶几上，非常刺眼，我嗔怪妻子"过于大咧，过于豪放，不懂得避讳一下儿子"。正当妻子一脸懵圈的时候，孩子从书房出来解释道："这是我们学校小卖部最畅销的一款面包，很多女同学都喜欢吃，我就给我妈买回来一个。"

尽管是个意外惊喜，尽管和我一点儿关系都没有，我还是喜滋滋地乐了一夜。孩子真的长大了，高三学习压力这么大，心里还想着家人，这让我有理由相信"孩子目前的成长状态是正确的！"

虽然我所说的"状态正确"与很多家长想象的"优秀"相去甚远，但孩子正确的成长状态一定是通往优秀的必然环节、必经之路。人工圈养出来的动物放归自然后无法生存，因为它们缺少了儿时的恣意玩耍，以及由此衍生出来的扑杀猎物的生存技能。同理，当下的家长永远不要幻想着用自己的生活经验去代替孩子的成长，那种尽量让孩子少走弯路的教养思维，会在一定程度上剥夺孩子的成长权利，让孩子变成父母的提线木偶，孩子反抗无果后，就会迷失自我存在的价值。

那种"只重结果，不重过程"的教养方式，让多少家庭深陷"相爱相杀"的尴尬境地；那种"只要学习好，其他都不用管"的单一教育方法，让多少孩子失去了成长的乐趣，乃至活着的意义；那种"我是为孩子好，等他们长大了就明白"的传统观念，让多少家长在垂暮之年，徒生哀怨。

《家庭教育促进法》颁布之后，很多业内人士欢呼雀跃，认为家庭教育的"春天"已经来临，完全忽略了法律的本质是底线，依靠划出来的底线，希望实现家庭教育水平的提升，纯属少数人的意淫罢了。个人肤浅地以为：

《家庭教育促进法》的出台，是社会文明进步的标志，是国家为未成年人营造良好成长环境、规范家庭教育行为的又一利器，但它的指向性作用远远大于它的实际功效。作为普通百姓无须焦虑，只有过好自己的日子，才可能有好的家庭教育；只有过好自己的日子，才是践行家庭教育法的最有效的方式。

| 何为好的家庭教育？ |

首先需要声明的一点是：好的家庭教育与家长的文化程度高低没有必然联系，相反，很多案例表明，在一些高知家长群体中更容易出现对孩子管控过度的问题。

近年来，因为家庭教育的异常火热，很多社会组织机构都迅速介入其中，在以盈利为目的运营策略下，教给家长如何培养孩子专注力、如何提升孩子学习内驱力、如何提高孩子自律意识，而这些所谓的能力培养都成了商家营销的噱头，都是一味地迎合家长胃口，都是在教家长驾驭孩子的技巧和方法，因为只有教些东西，只有做"加法"，家长们才愿意掏钱；而那些真正能引导家长回归初心、摒弃盲从，做"减法"的家庭教育指导策略却鲜有提及。其实，很多时候，好的家庭教育不是告诉家长还需要做什么，而是让家长明白哪些事不应该做。

其次，好的家庭教育与物质财富多少无关，有些人忙于生计，每天早出晚归，仍不忘抽空与孩子把手言欢；有些人蜗居陋室，仍能母慈子孝、其乐融融。总结一下规律，这些家庭无一不是在保证孩子身体健康的基础上，用高质量的陪伴来塑造孩子的好性格，用生活中的点滴细节来培养孩子的好习惯，用自己正确的言行来影响孩子的价值观念。

一言蔽之，家庭教育就是要做学校做不了的事儿！而且是按照孩子的真实意愿和个性特点，合理助力，适度要求，不代替选择，不强行压制。说到底，家庭教育是扬长式教育，是让孩子的优点更优、特点更特，而非补短。依据马斯洛需求理论，一个人要想补齐短板、超越自我，一定是在自己的生理、安全、爱与尊重等前四个层次的需求被满足之后，才能实现自身价值。一个连玩的需求都没有被满足的孩子，会早早失去对学习、对生活的憧憬，更何谈补短？

因此，好的家庭教育就是让孩子在充分体会爱与尊重的基础上，按照自己的意愿健康成长，进而具备实现自我价值和创造幸福生活的能力。

｜ 怎么做好家庭教育？ ｜

幸福的家庭不是没有遗憾，而是这个家庭具有自我修复的功能；好的家庭教育也不是说没有矛盾，而是家庭成员之间有着化解冲突的方法。虽然这些方法都是再熟悉不过的：相互理解，及时沟通，尊重信任。但真要做到，却并非易事，需要家长养成适时反思、及时觉察的习惯。

是不是刚才没控制好情绪？

是不是自己先入为主，曲解了孩子的意图？

是不是过于焦虑，放大了孩子的瑕疵？

……

相互理解，首先需要家长放下"我是为你好""相信我不会害你"的心理优势和道德优势，学会换位思考，相互包容。就像很多家长都希望孩子放学回家能够先认认真真地写完作业，再痛痛快快地玩一样，不妨来个换位思考：上了一天课，一定非常累，如果回家先放松一下，再写作业该多好啊。试想，如果孩子要求家长：无论在单位遇到什么烦心事，回到家先高高兴兴地做饭、整理家务，又有几位家长能够做到？

很多时候，如果家长要求孩子做到的，自己也能够做到，那么，这位家长就会像圣人一样完美。

及时沟通，要避免沟而不通的问题，家长要克服只顾自己痛快，不停地唠叨、说教，要学会聆听孩子的诉求，听懂孩子内心深处的声音。有时候，孩子的心事羞于向家长诉说，但他们会悄无声息地做给家长看，家长还要学会用眼睛沟通。

尊重信任，所谓尊重不是无原则的宠溺，而是把孩子当成独立的个体加以爱护与引导，多提建议、少做决定；而所谓信任是在孩子错误不断的情况下，仍要坚信孩子向上的本能，是在孩子成绩迟迟不见起色的状态中，还能看到孩子微小的进步与成就。

正所谓"幸福的家庭，其原因都是相似的"，只要家人之间相互理解，彼此尊重，多些包容，就一定呈现好的家庭教育模式。

在物质生活日益丰富、真假信息满天飞的今天，很多家长不知不觉中加入了各种微信群，经常被朋友圈里的各种"鸡娃"信息所误导、裹挟。别人的孩子如何优秀，谁家父母又给孩子找了更隐蔽、更高端的"一对一"辅导，等等，让很多家长忘记了养育孩子的初心——"只要孩子健康快乐，我就知足了！"

家庭教育不能盲目跟风，更不能随心所欲、任性而为，那种"我的孩子，我想咋管就咋管"的陈规陋习已经被现代社会所摒弃，甚至有可能触犯法律，新近颁布的《家庭教育促进法》，其根本要义就是向世人宣布：孩子的健康成长，不仅是家事，也是国事！

新时期的家长应该始终秉持对孩子一生负责的态度，懂得权衡利弊，晓得抓大放小，要多想想孩子20岁、30岁、40岁的时候，到底需要哪些能力与素养。当家长开始为教育孩子而尝试提升和完善自己的时候，好的家庭教育也就悄然发生了。

。

第二十八章

『适当放手』说着容易做则难

『害怕孩子走弯路』可能会演变成控制 ／ 『忙于工作』

可能会演变成放任 ／ 『永不放弃的及时引导』才叫放手

　　近期电视剧《大考》正在热播，该剧讲述的是一群特殊时期的高三学生在面临学习、家庭、社会中所遇到的各种问题时，如何在自己的成长中得到历练，并逐步走向成熟的故事。随着剧情的展开，大家在为剧中孩子们境遇牵绊的同时，也引发了对家庭教育问题的思考和讨论。

　　整部电视剧以一群高中学生的成长历程为主线，剧中的孩子们克服各种干扰、障碍，最终完成了人生大考——高考的答卷，然而真正引发观众思考和热议的是面对性格迥异、个性鲜明的孩子，家长的表现才是整部电视剧高潮的延续和发酵。针对青春期孩子的变化和逆反，父母是该一如既往地管控，还是适当放手？面对孩子敏感、脆弱，甚至有些偏执的自尊心，父母又该如何在包容呵护和及时引导之间做到拿捏适度？在孩子要求独立自主和保护孩子免受伤害之间，父母又该何去何从？……父母的每一次选择，都会对孩子产生深刻的影响。这些抉择，对父母来说，何尝不是一次大考呢？

　　电视剧在各大电视台轮番播出之后，剧中的情节和人物就成了大家茶余饭后的谈资，当听到越来越多的声音集中在赞扬剧中某个孩子太让家长省心了、太懂事了的时候，我心里不免有些担忧。电视剧中那个既聪明又努力，学习又好，又懂得感恩的孩子，完全是因为剧情发展的需要，说得再直白些，是因为导演希望他能完美，所以就有了"完美"角色。而这样"完美"的孩子在现实生活中存在的概率微乎其微，家长万万不能因为追剧后的满腔冲动而"鸡娃"。

　　众所周知，影视作品源于生活，但又高于生活，导演有时候为了能够引起观众的共鸣，难免会对剧中的人物或者情节进行加工、美化（丑化），有时甚至虚构，这都是为了追求影片经济利益的最大化，说到底还是以娱乐为主。因此，我想提醒各位家长，电视剧真正的价值在于共情之后，能够引发观众的思考，而不是观以致用，千万不能用剧中的情节来教育孩子，更不能拿电视中的人物跟自己的孩子做比较，否则，只会事与愿违，引起孩子的反感和排斥。

俗话说"会看的看门道，不会看的看热闹"，大家感慨于剧情跌宕起伏的时候，能否对影视作品的"画外音"产生思考：当害怕孩子走弯路演变成温柔控制时，家长该如何调整？当忙于生计和亲子陪伴发生冲突时，家长该如何反思？当适当放手和放任界限模糊时，家长该如何抉择？

｜ "害怕孩子走弯路"可能会演变成控制 ｜

我做家庭教育指导时，经常提醒家长"同样一句话，重复两三遍是关爱，重复八九遍就是控制"。对孩子的控制大体分为两种：一种是简单粗暴、严令禁止的硬性控制，另一种则是冠以"我是为你好"的软性控制，也就是我们业界人士经常说的温柔的控制。对于硬性控制而言，很多孩子在抗拒无效后，一般都会有自我疗愈的办法，而真正让孩子想逃离，甚至窒息的是温柔的控制。家长一旦经常把这些口头语挂在嘴边，其实就已经陷入"控制——反抗——再控制——冷战"的怪圈了。

我是为你好，听我的没错；

我是爸（妈），我是不会害你的；

不听老人言，吃亏在眼前啊；

少参加点同学聚会，把大好时间都用在学习上。

……

在父母一遍遍的唠叨声中，有的孩子选择拒绝跟家长沟通，有的选择逃离，也有些孩子选择屈从，从此过上了提线木偶般的生活，这也是为什么很多"别人家的好孩子"在上学期间成绩非常优秀，一路重点学校直至名牌大学毕业，反倒是进入社会后出现各种不适应，不停地换岗、跳槽、辞职。

"温柔的控制"为什么对孩子有如此严重的副作用？那是因为孩子知道父母是为自己好，家长站在了道德的制高点上，尽管自己非常不愿意那么做，却无力反驳，时间久了，孩子就会关闭了与父母沟通的心门。

也许有些家长会安慰自己，"孩子现在小不懂事，等他大了就明白父母的良苦用心了。"殊不知，看似是日常生活中一次微不足道的越俎代庖，表面上看仅仅是代替孩子做出了"明智"选择，实际上却是剥夺了孩子自己判断对错、明辨是非的机会，更是剥夺了孩子生命成长的权力。

"忙于工作"可能会演变成放任

理论上讲，中国的父母是最舍得为孩子付出的家长，有些家长甚至为了延续孩子的生命不惜牺牲自己，而现实生活中养家糊口、忙于应酬和亲子陪伴产生冲突时，很多家长都会不由自主地选择前者，用非常廉价的承诺诸如"下一次"和"过两天"来搪塞孩子的陪伴需求。

很多家长说："我们努力打拼，不也是想给孩子创造好一点儿的条件吗！"看似理由非常充分、无懈可击，却经不起仔细地推敲。试问，换更大的房子，买更高级的轿车、手机、服饰，经常出入高档酒店，到底谁是消费主体？对于那些从小就在寄宿制学校住校的孩子，就更加无福消受家长嘴里的"好条件"。所以，成年人价值体系里的"好条件"，说白了不过是证明自己事业有成的标志和道具罢了。

也许会有家长反问，"我不外出打拼，孩子怎么可能上这么贵的寄宿学校？"我虽然无权对家长养育孩子的方式评头论足，但仍想提醒一些年轻的父母，再优秀的老师都无法替代妈妈的关爱，再贵族化的学校都给不了孩子成长所需的安全感和归属感。陪伴的缺失，会让亲子关系变得脆弱，会让亲情缺少黏合力，因为，真正有利于孩子健康成长的不是好的家庭条件，而是好的家庭环境，一个和谐温馨的家庭环境，夫妻恩爱、母慈子孝，会给孩子提供源源不断的成长动力；相反，在好的家庭条件长大的孩子，面对唾手可得的幸福和优越，怎么会有兴趣再去努力奋斗？

当然，我绝对无意宣扬"寒门出贵子"的理念，只是想提醒当下的父母，在忙于生计、工作的同时，一定兼顾好孩子的陪伴需求，为了家庭的富裕四处奔波、辛苦打拼，本无可厚非，但这也不能成为父（母）爱缺失、疏于陪伴的理由。要知道有些家庭虽不富裕，却也能妻贤子孝、其乐融融；有些父母虽然整日奔波，却总能和孩子亲密无间、把手言欢，无论父母多忙，只要想陪伴孩子，就能抽出点时间。家庭教育最大的悲哀莫过于"父母费尽心思给予的，却恰恰不是孩子想要的"。

在陪伴孩子成长的过程中，应该尽量避免回应不及时、缺乏交流的无效陪伴。至于怎么才算高质量的陪伴呢，一言蔽之，就是父母有耐心、愿意拿出时间去陪孩子做他（她）想做的事情。

｜"永不放弃的及时引导"才叫放手｜

今年夏天我孩子高考失利，基本与大学无缘，很多亲戚朋友非常热心地为孩子找出路、想办法。面对糟糕的成绩，孩子也没有了以前的傲气，老老实实地出去打工、体验生活，我虽然心急如焚，心疼孩子的一生可能从此黯淡无光，经常在半夜里疼醒，但我始终坚持让孩子对自己的成长负责。漫长的暑假，孩子先后打了三份工，既被雇主欺骗过，也被顾客刁难过，临近开学季，孩子主动找我谈心，表示自己虽然打工期间吃了些苦头，但依然没有勇气承担复读的辛苦。

我虽然做梦都想让孩子复读，明年考个好成绩，一雪前耻，但考虑到这是孩子经过一个假期的深思熟虑后做出的决定，我和爱人选择了尊重孩子的意愿——上高职。鼓励孩子复读的亲戚朋友知道我们的决定后，惋惜之余，嗔怪我有点不负责任，我只能用微笑回馈亲朋好友的善意，因为我明白：只有当孩子具备了痛心疾首、幡然醒悟的勇气和心态之后，复读才是有效的，否则，不会有太大改观。

也有好心的朋友为孩子提供各种出国学习的渠道和信息，都被我和家人婉拒，一方面是受家庭经济条件的限制，实力不允许；另一方面，我们不想把出国学习当成孩子高考失利的"遮羞布"，掩盖暂时的尴尬。我们尊重孩子的选择，往浅里说是引导孩子要为自己的高中三年负责，往深里讲是希望他能对自己的一生负责，因为高考失利不过是他漫长人生考验的开始而已。

　　需要强调的是：适当放手，让孩子为自己的成长做出选择，绝不等同于放任，两者的区别在于后者是心灰意冷、彻底失望后的无奈之举，而前者则是基于尊重、共情的前提之下，及时调整、及时引导、永不放弃的宽容与接纳。

　　"可怜天下父母心"，相信每一位父母都是发自肺腑地关心孩子的健康成长，但新时期的家长也应该清楚地知道自己的思维方式相对固化、信息来源相对单一等现实问题，与其无休止地担心、焦虑，不如适当放手，让孩子活出积极的、有价值的生命。

后 记

——父母应该看见孩子的成长

孩子高考失利后，一家人经过一段时间的反思和交流，逐渐从担心孩子一生自此暗淡无光的焦虑情绪中解脱出来。这种解脱不是面对现实的无奈、退让，更不是降低培养期望值的妥协，而是重新审视自己家庭教育症结后的清醒，是跟孩子平等对话后明确教养方向的笃定。

我不会再让孩子活成"证明我家庭教育理念水平的工具和试验品"！

然而一波未平一波又起，一个心结解开了，另一个心魔又跳了出来，夜深人静的时候，总有一个声音在脑海里徘徊：

"孩子没考好，就足以说明你的家庭教育理念是有问题的，最起码也是纸上谈兵，不实用的！"

"自己的孩子都没教育好，有什么资格再当家庭教育教研员呢？"

"不要在台上聒噪卖弄了，哪里凉快哪里待着去！"

长夜漫漫，灵魂的拷问让我辗转反侧，夜不能寐。我现在终于理解了：为什么当我站在讲台上提及"孩子成长出现问题，一定会从其父母身上找到根源"时，总有些家长显得那么委屈与无奈；当我讲到"高考重要，却并不代表孩子的全部"时，总有些家长表现得异常固执和抵触；当我谈到"性格培养比智力教育更重要"时，总有些家长露出一脸的不屑与鄙视。置身事中，亲身经历之后，我如同经历了凤凰涅槃、浴火重生般的洗礼，现将我灵魂深处的对话整理如下。

如何评价家庭教育的优劣

孩子高考成绩如此糟糕，首当其冲的原因说明孩子的学习动力不足，不够刻苦自律，这也是当下富裕时代孩子的通病，他们普遍没有父辈们"不努力学习就没有出路"的压力，没有相对安静单一的成长环境和价值观念，取而代之的是富足的家庭生活，无孔不入的网络信息和浮躁多元的社会环境，在这样的氛围下，培养孩子的学习动力和刻苦自律精神绝非易事，需要诸多机缘的激发和涵养。而那些天生具备学霸品质的学生，对于绝大多数家庭的孩子来说是不能模仿复制的。家长的强行管制、逼迫和责罚，有可能取得阶段性的高分，但其付出的隐形成本也是巨大的，亲人之间的相爱相杀会在孩子的心灵深处留下伤痕。孩子虽然知道父母是为自己好，却没有感受到爱的存在，所以抗拒、逆反，我们家长用孩子不喜欢的方式，塞给他们太多不想要的东西。

从事教育工作二十多年，我越来越清楚地掌握了不同学段的任务和使命。虽然学习知识是各学段一以贯之的任务，但高中阶段随着孩子个人意识的觉醒和独立意识的增强，也是孩子价值观念与自我人格逐步完善的关键时期。如果说大学是个小社会，那么高中就是个模拟社会。孩子在这个阶段除了学习知识外，还要构建完善自己的人生观和价值观，完成由初中的"同学们都说怎么样"，到"我觉得怎么样"价值参照物的转变，学会如何维系与各学科老师的关系，如何平衡同性伙伴的友谊，如何拿捏异性交往的尺度，甚至是违反纪律之后，如何进行自我调整与妥协。高中三年，一群孩子在这个国家搭建的、绝对安全的环境里朝夕相处，互相试探与磨合，不断尝试内容的对错，由此积累的成长经验都将成为孩子的人生财富，并且为此付出的代价和痛苦指数都是有限的。

假如高中三年，只把孩子圈于繁重的学习中，缺少必要的尝试和经历，在"一俊遮百丑"的培养理念下，漂亮的高考分数只能暂时掩盖孩子身上的问题，这就是当下大学里"躺平族""空心病"大量存在，社会上文化巨婴、海龟啃老、宅男宅女、社交恐惧症频出的原因。"先让孩子'成才'，以后慢慢学习'成人'也不晚"的说辞，只不过是当前许多家长功利教育思想的自我安慰罢了。

所以，用某一阶段、单一的评价指标来衡量一套复杂的、综合的，关乎孩子一生的家庭教育成败，是不科学、不严谨的。我们应该立足于孩子终身发展的必备品格和关键能力，全方位评估家庭教育的成败得失。

如何检验家庭教育的成败

多年来，我一直致力于广义的家庭教育研究，即家庭成员之间的相互影响与彼此成全，它既包括父母自上而下对孩子的教育和引导，也包括孩子自下而上对长辈的影响与启迪。所以，我努力推行的家庭教育，从本质上讲：

不是教给家长驭子之术，不是教会父母控制情绪，而是引导家庭成员之间学会理解与沟通。因为保护孩子的前提，不是完全掌控孩子的行踪，而是让他愿意跟家长无障碍沟通。当孩子不愿意与父母沟通时，所有的家庭教育本质上都是管控、压制；当孩子愿意对父母敞开心扉，说出自己的迷茫和痛苦时，家庭教育才是有效的。

虽然孩子高考失利，但这并不能遮掩孩子三年的成长痕迹。儿子能感恩我为家庭的辛苦付出，懂得保护妈妈的柔弱，牵挂祖辈的健康，愿意和我们分享学校的趣事，在意和同学的友谊，并且甘愿为自己三年高中的不羁和任性埋单，这些品质都不应该被家长无视。

既然孩子暂时性地跌入成长低谷，作为父亲与其喋喋不休地唠叨高考失利的后果，装模作样地跟孩子探讨未来打算，真的不如安静地站在一边，给孩子一点儿时间和空间，让他仔细琢磨、咀嚼自己的过往。当孩子呆呆发愣的时候，也许就是内心重新构建的重要时刻，因为每个孩子的真正成长一定是在经历刻骨铭心的反思之后，才能实现人生的蝶变。所以，孩子高考失利后，我更想做的事情是在保证孩子安全的情况下，让他暂时脱离"到底上不上学"的困扰，通过各种机缘见识生活的真面目，生活的苦与学习的苦，孰轻孰重，相信孩子会做出最适合自己的抉择。

反思的意外收获，让我重新审视起陪我走过二十多年婚姻的妻子，她的胆小不经事，夹在我和儿子之间相互劝慰、委曲求全，以及越来越多的白发，不经意间跳入我的眼帘，让我心生愧疚，鼻子发酸。庆幸的是，当爱情逐渐褪去时，夫妻间的亲情却日渐浓厚。善良的妻子，在我闷闷不乐、埋头进行自我救赎的这段时间里，悄悄去岳母家拿来了养心胶囊和速效救心丸，以防我出现不测，真的让人哭笑不得，感触良多。

十事九不周，慎勿多苛求。幸福的家庭不是没有遗憾，而是当遗憾降临时，家庭成员之间能够放下埋怨与指责，风雨共担；成功的家庭教育不是没有挫折，而是当挫折不期而至时，家人之间彼此信任、互相鼓励。家庭的自我调整和疗愈能力，以及亲人间的接纳和包容能力，是衡量家庭教育成败的关键。

如何认识家庭教育的作用

培养孩子长大成人是父母的天职和使命，所以家庭教育的最终价值应该以孩子是否拥有良好的品行和习惯作为衡量标准。然而，受应试教育和功利教育思想的误导，很多家长把如何培养孩子"成才"当作学习家庭教育的唯一动机，其实是对家庭教育价值的弱化和短视。

我理解很多家长为了孩子成才，省吃俭用、任劳任怨，给孩子最好的支持，希望以此为孩子经营一个成功的人生，可成功并不像1+1=2那样直接。父母一厢情愿的付出后，就会对孩子有要求，要求得不到回应就想有所掌控，在控制和反控制之间，便有了亲人的相爱相杀。这就是为什么每个中国人内心深处最牵挂的那个人和伤害自己最深的那个人，永远都是自己的家人。

正确认识家庭教育的作用，就会把构建和谐家庭关系作为根本目标，通过营造恩爱稳定的夫妻关系，慢慢滋生出轻松和谐的亲子关系，使家庭成员之间相互支撑、相互包容，彼此成全，让每位家人都能按自己的意愿成长，这才是学习家庭教育的最大价值。所以，我们允许并接受自己孩子的平庸。

孩子高考失利是所有亲朋好友想绕但又绕不开的话题，小心翼翼地宽慰和关心，我都悉数感知，不胜感激。在这满满的善意中，我忽然悟到"高考失利会成为孩子人生中的宝贵财富"这句话里的真谛："宝"是因为这样的经历可遇而不可求，没有人愿意主动触碰；"贵"是因为要经历切肤之痛，代价不小，触及灵魂。

好事多磨、塞翁失马、乐极生悲，中国传统文化博大精深，每一位中国人骨子里都是哲学家，但当考验真正降临时，却鲜有人能从"危"里找到"机"。孩子高考失利，让我重新反思了自己家庭教育理念的薄弱环节，淬炼了家庭教育的实践和指导能力，校正了家庭教育的功能定位和评价体系。让我更清晰地认识到：温馨的家庭对于孩子成长的不可或缺，有爱的家庭才是支撑孩子成长的动力源泉。我将不遗余力地践行自己的家庭教育理念：

品行培养比智力教育更重要！

亲情陪伴比物质给予更重要！

构建良好亲子关系是家庭教育的根本！

性格和习惯才是决定孩子一生成就的关键！

夏日煦风吹酒醒，不冷，成败自来且相迎。

回首育子成长路，淡定，也有风雨也有晴。